Les clés du DELF B1

NOUVELLE ÉDITION

Guide pédagogique

TABLE DES MATIÈRES

SOLUTIONS

TRANSCRIPTIONS

LES CLÉS DU DELF: UNE COLLECTION POUR S'ENTRAÎNER AU DELF

Depuis 1985, le Diplôme d'études de langue française (DELF) est une référence dans le monde entier pour certifier les connaissances en français. Ce diplôme a évolué avec le temps, et le Centre International d'Études Pédagogiques (CIEP), établissement public du ministère de l'Éducation nationale français, l'a actualisé pour l'harmoniser avec le Cadre Européen Commun de Référence pour les Langues (CECR). Ainsi, les DELF en vigueur depuis septembre 2005 comptent 4 étapes indépendantes (A1, A2, B1, B2), suivies du DALF (C1 et C2).
L'équipe d'auteurs propose un manuel qui veut aller plus loin que le simple entraînement à l'examen. Son nom, **Les Clés du DELF B1,** n'est d'ailleurs pas anodin : il s'agit bien d'apporter non seulement des exercices et des tests, mais également de nombreuses remarques d'usage de la langue et surtout des conseils (ou clés) pour aborder chacune des épreuves.

Une structure simple et efficace : 5 unités thématiques + 6 examens complets

Chaque unité thématique comprend une rubrique lexicale, une rubrique grammaticale et une section de documents authentiques de compréhension écrite et orale. En fin d'unité, est également proposé un examen d'entraînement avec des recommandations pour les différents types d'épreuves.

- **Le lexique** et **la grammaire** : dans les premières pages de chaque unité, l'élève trouvera des activités regroupées autour d'un thème (cinq au total) permettant de réviser ou d'approfondir en contexte les aspects élémentaires requis pour le niveau B1 du DELF. Ces activités, qui visent fondamentalement à revoir le système linguistique (morphosyntaxe, lexique, orthographe, structures fonctionnelles, discursives et textuelles) pour améliorer la performance de compréhension et de production le jour de l'examen, permettront à l'élève de renforcer ses compétences écrites et orales. Notez que de nombreuses activités écrites débouchent sur des propositions d'activités orales : ce sont soit de simples oralisations de l'activité précédente, soit des extensions de celle-ci.

Les activités écrites peuvent être réalisées en classe ou à la maison pour être ensuite corrigées en classe. Pour les propositions d'activités orales ou d'oralisation, nous vous recommandons vivement de mettre en place des moments où vos élèves pourront s'entraîner à la pratique de l'oral.

- En marge de ces activités, les rubriques comprennent des encadrés sur des aspects de la langue écrite ou orale. Vous pouvez les utiliser pour rappeler à vos élèves des points de lexique ou de grammaire, ainsi que des éléments de civilisation en rapport avec la vie quotidienne en France et dans le monde francophone, qui s'avèrent utiles pour développer l'interculturalité. D'autres encadrés, d'ordre fonctionnel, ont pour objectif la révision des actes de parole fondamentaux dans l'unité étudiée.

- Vous observerez que les activités lexicales et grammaticales sont très souvent accompagnées d'illustrations. Ce **support iconographique** n'est pas seulement esthétique. Il peut servir de déclencheur ou d'élément de soutien pour réaliser et développer l'activité à laquelle il est rattaché.

- À la fin de la partie grammaticale, vos élèves trouveront un **mémento**. Il reprend l'essentiel des points grammaticaux abordés dans l'unité de révision et que tout candidat au DELF B1 doit connaître.

- **Des documents sonores et écrits** : le niveau B1 requiert une certaine aisance pour comprendre des documents authentiques. Ces textes doivent vous permettre de vous entraîner à repérer des informations précises dans des domaines variés et de savoir prendre une décision ou réagir en fonction de son contenu. Tous les documents audio sont disponibles sur l'Espace virtuel : **espacevirtuel.emdl.fr.**

- **Les épreuves d'entraînement au DELF B1** : chaque unité comprend un examen d'entraînement divisé selon les quatre épreuves de l'examen. Pour chaque partie de l'examen, sont proposées des clés sur la façon d'aborder un exercice (les clés de l'entretien, les clés de la carte postale, etc.) et sur la façon dont le candidat sera évalué. Toutefois, il nous a paru judicieux de vous apporter, en tant qu'enseignant, quelques conseils vous permettant d'évaluer vos élèves en fonction des critères définis pour Le DELF.

- **Les examens** : la dernière partie du livre de l'élève est entièrement consacrée à l'examen. Elle contient six examens complets dont trois du DELF B1 scolaire (ou junior). Il s'agit de placer les élèves dans les mêmes conditions que le jour de l'examen. Dans ce livre du professeur, nous voulons apporter en plus des modèles et des recommandations pour évaluer au mieux les candidats en fonction des critères du DELF.

- **Les compréhensions orales et écrites**. Vous trouverez quelques conseils pour mieux préparer les élèves et les évaluer.

> Attention ! Les documents sonores des exercices de compréhension de l'oral doivent être écoutés deux fois, avec une pause de 30 secondes entre les deux écoutes.

- **La production écrite**. Les solutions des exercices de cette partie (dans les examens complets et dans les épreuves d'entraînement) sont simplement des suggestions, des modèles que vous pourrez proposer à vos élèves, car la production écrite est un exercice ouvert. En revanche, l'élève doit être capable de produire un certain type de texte, et vous devez connaître les limites linguistiques et communicationnelles de son niveau. C'est pourquoi nous présentons, outre les modèles de production écrite proposés dans ce livre, un échantillon de rédaction de candidat accompagné d'une correction-type. Ainsi, vous pourrez évaluer le type de rédaction attendu et connaître le type de correction permettant d'évaluer vos élèves en fonction du niveau B1 (voir **Les critères d'évaluation de la production écrite**, page 7).

- **La production orale**. Comme pour la production écrite, il n'y a pas de solution fermée. De même, les questions peuvent évoluer en fonction des réponses données. Comme pour l'écrit, nous vous apportons ici quelques conseils sur l'évaluation de l'oral au niveau B1 (voir **Les critères d'évaluation de la production orale**, page 10).

Nous savons qu'un examen, quel qu'il soit, est synonyme de tension, mais nous souhaitons que vos élèves et vous-même ne perdiez pas le plaisir de la langue et de la découverte.

Les auteurs

Tableau récapitulatif des épreuves du DELF B1

NATURE DES ÉPREUVES	DURÉE	NOTE SUR
COMPRÉHENSION DE L'ORAL (CO) Réponse à des questionnaires de compréhension portant sur trois documents enregistrés (2 écoutes). Durée maximale des documents : 6 min.	25 min. environ	25
COMPRÉHENSION DES ÉCRITS (CE) Réponse à des questionnaires de compréhension portant sur deux documents écrits : · dégager des informations utiles par rapport à une tâche donnée, · analyser le contenu d'un document d'intérêt général.	35 min.	25
PRODUCTION ÉCRITE (PE) Expression d'une attitude personnelle sur un thème général (essai, courrier, article…).	45 min.	25
PRODUCTION ORALE (PO) Épreuve en trois parties : · entretien dirigé · exercice en interaction · expression d'un point de vue à partir d'un document déclencheur.	15 min. environ (10 min. de préparation pour la 3ème partie)	25
Seuil de réussite pour obtenir le diplôme : 50/100 **Note minimale requise pour chaque épreuve : 5/25**	**Durée totale des épreuves : 1 h 45**	**Note totale 100**

Les critères d'évaluation de la production écrite

Au niveau B1, les candidats doivent être capables de faire face aux problèmes de la vie quotidienne. On ne leur demande pas de tout savoir et de s'exprimer sans aucune faute. Reportez-vous aux descripteurs du Cadre européen commun de référence afin de prendre conscience du niveau requis pour cet examen.

Dans cette activité de production écrite, les formats sont variés. Il peut s'agir d'une lettre à un ami, d'un essai, d'un article ou de la page d'un journal intime. Dans chaque cas, les apprenants devront savoir adapter leur écrit sans oublier le destinataire (imaginaire) indiqué dans l'énoncé. Par conséquent, vous entraînerez vos élèves à rédiger selon ces paramètres. Vous devrez aussi les familiariser aux critères d'évaluation de cette production écrite en leur fournissant régulièrement des modèles et en les incitant à pratiquer des activités d'évaluation (ou d'autoévaluation) en classe.

Nous vous proposons un modèle d'évaluation commenté, selon la grille fournie par le CIEP.

■ **Exercice 1**

Vous êtes allé/e dans cet hôtel pour passer une semaine de vacances avec votre famille. Vous n'êtes pas revenu/e très satisfait/e des services de l'hôtel. Vous écrivez vos réactions dans votre journal intime à votre retour. (180 mots environ).

Côte d'Azur – Bandol – Hôtel * sur la plage de René Cros**
FORMULE SEMAINE 4 JOURS / 5 NUITS

Superbe petite station balnéaire à 50 km de Marseille. Très animée l'été avec son marché quotidien, elle est réputée pour ses petites criques, son casino et pour son vin.
L'Hôtel domine une plage de sable superbe, en arc de cercle, protégée du vent et au coeur de cet ancien village de pêcheurs. Vous pourrez vous adonner aux plaisirs du golf à moins de 10 minutes de l'hôtel. Une piscine et une salle de sport équipée d'un sauna sont également à votre disposition.
Les chambres disposent d'une salle de bain avec baignoire à hydro-massage et de toutes les commodités multimédiales. De la terrasse, vous pourrez admirer les plus beaux couchers de soleil sur l'île de Bendor.

Exemple de production écrite d'un candidat :

J'ai été avec mes parents dans un hôtel pour séjouner une semaine mais j'y suis resté mal. La descrition de l'hôtel ne correspond pas à la realitée. Il n'y a pas de beaux services pour les clients. On n'a pas la piscine près de l'hôtel. Il a donne nous un chambre avec la mer sans la baignoire et la television. Nous sommes allé à la mer et nous avons vue qui n'était pas « superbe » comme était écrit dans l'annonce. La france c'est belle. Les receptioniste ne sont pas d'aide nous. Je pense que tu ça va. Je te conseille de non aller à cet hôtel. Je pense aux la prochaine vacances. Je doit salut toi. J'attente ton réponse avec impatience. Repond moi tout suite. Gros bisous.

Jim

L'évaluation communicative

Les compétences communicatives de l'étudiant représentent la part de la note la plus importante, soit 13 points sur 25.

1. **Respect de la consigne :** le candidat a-t-il été capable d'adapter son écrit à l'énoncé proposé ? Le thème, la longueur, le type de texte ont-ils été respectés ?

   Le candidat parle de vacances passées dans un hôtel dont il n'est pas satisfait, mais il ne s'agit pas d'un écrit dans un jounal intime, la fin du texte ressemble plus à une lettre amicale. Il est d'usage de commencer ce type d'écrit par « Cher journal » et de mentionner la date et le lieu.

   Le texte contient 129 mots alors que la consigne en demandait 180.

   Même si ce n'est qu'un des aspects de cette rubrique, la longueur joue un rôle important car le jour de l'examen, c'est un des premiers aspects du texte que le correcteur remarquera. Toutefois, les candidats ne doivent pas perdre de temps à compter le nombre de mots exacts, mais vous devrez habituer vos élèves à compter le nombre de mots par ligne. Ils pourront en indiquer le total en fin de rédaction.

   Rappel : un mot = tout signe graphique encadré par deux espaces. Exemple : *c'est-à-dire* = 1 mot / *n'est-ce pas* = 2 mots / *il y a* = 3 mots.

   Note obtenue : 0,5 / 2.

2. **Capacité à exprimer des faits :** le candidat a-t-il été capable de décrire les lieux et de raconter les événements qui se sont déroulés pendant ce séjour ?

   On ne confondra pas l'évaluation de cette compétence avec la correction linguistique. Même si le texte comporte des erreurs grammaticales et un vocabulaire imprécis, l'examinateur ne s'attachera qu'au contenu proposé par le texte du candidat.

   Le candidat a dressé une liste imprécise des événements qui ont porté à l'insatisfaction en reprenant quelques données de la consigne : la piscine, la salle de bain, la plage, etc. Néanmoins, on retrouve les motifs du mécontentement dans son texte.

   Le candidat aurait également pu se baser sur d'autres faits proposés par le sujet comme *le marché, le golf, la salle de sport, l'hydro-massage, etc.* Mais rien ne l'y obligeait. En effet, il est plus important de donner des détails sur quelques points que d'établir une simple liste de lieux ou de faits.

   Note obtenue : 2 / 4.

3. **Capacité à exprimer sa pensée :** le candidat a-t-il été capable de rendre dans son texte ses idées, ses émotions, ses réactions ?

   On demande au candidat d'exprimer son insatisfaction sur un service. Il devra donc donner les raisons de son mécontentement et les expliquer.

   Dans ce texte, le candidat aurait pu détailler un peu plus les raisons de cette insatisfaction. Seules quelques expressions (*j'y suis resté mal, je te conseille de non aller à cet hôtel*) marquent son état d'esprit.

   Note acceptable : 0,5 ou 1 / 4.

   Vous entraînerez vos élèves à savoir reprendre et interpréter les différents éléments de la consigne et des documents l'accompagnant. Vous les habituerez ainsi à réaliser un remue-méninges autour de cette consigne et à écrire les idées qui en ressortent sur une feuille. Vous devrez leur faire comprendre que cette étape est importante car elle rend plus facile ensuite la rédaction du texte final.

4. **Cohérence et cohésion :** le candidat a-t-il été capable de construire un texte clair et cohérent sur ce sujet ?

   Le texte doit pouvoir être lu de façon fluide. Les idées seront donc présentées dans des paragraphes distincts et structurés à l'aide de connecteurs. Dans ce texte, il n'y a aucun paragraphe, aucun marqueur temporel pour ponctuer les idées. Certaines idées ne s'enchaînent pas (« *La france c'est belle* »). Les faits énoncés selon un ordre chronologique et l'introduction du sujet méritent cependant un point.

   Note obtenue : 1 / 3.

   Vos élèves devront s'entraîner à mettre en ordre les différentes idées qu'ils auront auparavant notées au brouillon. Entraînez-les régulièrement à cet exercice. Ce n'est pas facile mais très important.

La note de ce candidat en compétence communicative oscillera entre 4 et 4,5 / 13.

L'évaluation linguistique

La partie linguistique, notamment la grammaire, est souvent privilégiée par l'enseignant qui la note sévèrement. Or, à ce niveau, vous ne devez pas perdre de vue qu'on ne demande pas au candidat de tout savoir, ni d'écrire dans un français parfait. Vous devrez toutefois entraîner vos élèves à bien maîtriser le vocabulaire élémentaire pour exprimer des idées relativement complexes.

Le jour de l'épreuve, le correcteur pourra admettre certaines influences grammaticales de la langue maternelle tant qu'elles ne modifient pas le sens général.

Comme pour l'évaluation communicative, vous vous entraînerez et entraînerez vos élèves à travailler selon la grille officielle de l'évaluation linguistique.

12 points sont consacrés à la compétence linguistique : 6 points pour le lexique et 6 points pour la grammaire.

1. **Le lexique :** Étendue du vocabulaire, maîtrise et orthographe lexicale : le candidat connaît-il un vocabulaire suffisant lui permettant de rédiger un écrit sur le thème proposé ? Le lexique est-il utilisé et orthographié correctement ? Le candidat maîtrise-t-il la ponctuation et la mise en page ?

   Le candidat a utilisé un vocabulaire relatif aux voyages (*séjourner, services, clients, baignoire, réceptionniste...*), mais ces mots sont présents dans la consigne. Parfois, le lexique est mal orthographié (*descrition, vue, beaux services...*), voire mal utilisé (*séjouner*). De plus, la ponctuation se réduit aux points et le texte ne présente aucune mise en page.

   Note obtenue : 1 / 6.

   Vous devrez habituer vos élèves à soigner l'orthographe et la ponctuation. Donnez-leur des textes non ponctués et demandez-leur de placer les virgules, les points-virgules, les points, etc. Cet exercice non seulement leur permettra de travailler les différents signes de ponctuation mais aussi de prendre conscience qu'un texte est d'autant plus clair qu'il est bien ponctué.

2. **La grammaire :** Degré d'élaboration des phrases, choix des temps et des modes, morphosyntaxe et orthographe grammaticale : le candidat construit-il des phrases claires ? Les verbes sont-ils conjugués correctement ? Les accords sont-ils respectés ?

   Ce texte est composé presque exclusivement de phrases simples. Le seul cas de phrase complexe (*nous avons vue qui n'était pas superbe*) est incompréhensible.

Dans son texte, le candidat a utilisé le présent, le passé composé et l'impératif. Le choix de ces temps est correct. Néanmoins, beaucoup de verbes fréquents ne sont pas conjugués correctement (*il a donne, je doit, j'attente,...*) et les accords élémentaires ne sont pas respectés (*nous sommes allé, les receptionniste, la prochaine vacances...*).

Parfois, une relecture suffit à corriger certaines de ces erreurs qui peuvent relever de la simple étourderie. Vous devrez habituer vos élèves à réserver cinq à dix minutes pour relire le texte en s'intéressant plus particulièrement à la forme : vérifier les marques élémentaires singulier/pluriel des noms ou participes, les désinences verbales, etc.

Note obtenue : entre 0,5 et 1 / 6.

La note de ce candidat en compétence grammaticale oscillera entre 1,5 et 2 / 13.

La note totale du candidat pourra donc osciller entre 5,5 et 6,5/25. Ce résultat permet de se rendre compte de l'importance de la compétence communicative sur l'ensemble de la note. En effet, si dans ce texte, seules les capacités linguistiques avaient été prises en compte, le candidat aurait eu une note de 3 ou 4 / 25. Il n'aurait donc en aucun cas été admis au B1 puisqu'une note inférieure à 5 dans l'une des épreuves est éliminatoire.

Les critères d'évaluation de la production orale

L'expression orale est difficile à évaluer car l'oral est éphémère. Il faut donc non seulement être conscient du niveau demandé mais bien connaître les critères à prendre en compte dans la grille d'évaluation.

La grille différencie les critères d'évaluation des trois parties de l'examen en ce qui concerne les capacités communicatives. En revanche, les capacités linguistiques sont évaluées globalement.

Vous devrez entraîner vos élèves à savoir capter l'attention de l'examinateur. Des idées intéressantes énoncées clairement et de façon cohérente, un discours original et illustré d'exemples sont autant d'atouts qui seront valorisés lors de l'épreuve, même si la langue et la prononciation ne sont pas parfaites.

Entraînez-les aussi à avoir recours à des stratégies de compensation et d'évitement. Celles-ci seront appréciées par l'examinateur.

À ce niveau, les élèves doivent maîtriser les règles fondamentales de politesse.

■ Entretien dirigé

C'est un exercice court (3 minutes environ) dans lequel le candidat doit se sentir à l'aise pour se présenter et parler de soi avec aisance. Cette partie ne devrait pas présenter de difficultés particulières puisque vos élèves ont été entraînés à ce type d'activité depuis le début de leur apprentissage.
Vous entraînerez vos élèves à répondre aux questions de l'examinateur et à ne pas avoir peur de parler. Lors de cet entretien, l'examinateur interrompra le moins possible le candidat. Lors de l'entraînement, procédez de la même façon. Attendez la fin d'un exercice pour commenter les éventuelles erreurs de vos élèves et les conseiller.
Le point fort à développer est ici l'aisance.

■ Exercice en interaction

À ce niveau, l'étudiant peut faire face à la majorité des situations que l'on peut rencontrer au quotidien ou lors d'un voyage.
Les exercices d'entraînement proposés peuvent être de deux types :

- faire face à une situation inhabituelle : « *On vous a volé votre sac dans un restaurant. Il contenait vos papiers d'identité et votre billet d'avion. Vous allez au poste de police pour déclarer cette perte.* ».
- comparer et opposer des alternatives, négocier, convaincre : « *Vous rentrez chez vous après un week-end à la campagne et vous retrouvez votre appartement inondé. Vous téléphonez à un plombier et essayez de le convaincre de venir réparer les dégâts* ».

Vous habituerez vos élèves à jouer ces scènes avec un autre camarade ou vous-même.

D'un point de vue communicatif, on demande aux élèves de faire preuve d'originalité. Le candidat doit se mettre dans la peau d'un personnage et imaginer comment il réagirait dans la situation proposée par le sujet.

Vous devez habituer vos élèves à s'adapter aux situations les plus diverses. Par exemple, si la scène se passe entre deux amis, le candidat devra utiliser le tutoiement avec l'examinateur.

■ **Expression d'un point de vue**
Cet exercice consiste en une lecture d'un petit texte que le candidat devra présenter en dégageant l'idée principale avant de donner son opinion.

Vous devez entraîner vos élèves à ne pas se baser sur un détail du texte. Vous devez les habituer à décoder le thème principal sur lequel ils vont devoir parler. N'oubliez pas qu'à ce niveau, vos élèves doivent pouvoir réagir, exprimer leur opinion et la justifier, quelle qu'elle soit. Ils doivent savoir exposer une idée avec précision.

Cet exercice ressemble en de nombreux points à l'essai de la production écrite, notamment en ce qui concerne la cohérence du discours.

L'évaluation linguistique

Cette évaluation représente 12 points sur 25 et se divise en 3 parties : le lexique, la morphosyntaxe et la maîtrise du système phonologique.

1. **Le lexique :** Vous entraînerez vos élèves à la réutilisation d'un lexique approprié mais aussi à utiliser des stratégies d'évitement. Il ne faut pas qu'ils aient peur de prendre certains risques.

2. **La morphosyntaxe :** Vous devez habituer vos élèves à construire des phrases complexes à l'oral, comme ils doivent le faire à l'écrit. Cependant, vous devez aussi les entraîner à ne pas faire des phrases trop longues car ils pourraient perdre le fil de leurs idées et commettre d'importantes erreurs de langue.

3. **La prononciation :** L'expression doit être claire mais comme le précise la grille, il peut encore y avoir « de nettes influences de la langue maternelle ».

Grilles d'évaluation de la production écrite

Compétences pragmatiques et sociolinguistiques	0	0,5	1	1,5	2	2,5	3	3,5	4
Respect de la consigne Peut mettre en adéquation sa production avec le sujet proposé. Respecte la consigne de longueur minimale indiquée.									
Capacité à présenter des faits Peut décrire des faits, des événements ou des expériences.									
Capacité à exprimer sa pensée Peut présenter ses idées, ses sentiments et ou ses réactions et donner son opinion.									
Cohérence et cohésion Peut relier une série d'éléments courts, simples et distincts en un discours qui s'enchaîne.									

Compétence lexicale /orthographe lexicale	0	0,5	1	1,5	2	2,5	3	3,5	4
Étendue du vocabulaire Possède un vocabulaire suffisant pour s'exprimer sur des sujets courants, si nécessaire à l'aide de périphrases.									
Maîtrise du vocabulaire Montre une bonne maîtrise du vocabulaire élémentaire, mais commet encore des erreurs sérieuses pour exprimer une pensée plus complexe.									
Maîtrise de l'orthographe lexicale L'orthographe lexicale, la ponctuation et la mise en page sont le plus souvent assez justes pour être suivies facilement.									

Compétence grammaticale/orthographe grammaticale	0	0,5	1	1,5	2	2,5	3	3,5	4
Degré d'élaboration des phrases Maîtrise bien la structure de la phrase simple et les phrases complexes les plus courantes.									
Choix des temps et des modes Fait preuve d'un bon contrôle malgré de nettes influences de la langue maternelle.									
Morphosyntaxe/orthographe grammaticale Accord en genre et en nombre, pronoms, marques verbales, etc.									

Grilles d'évaluation de la production orale

■ Entretien dirigé

Compétences pragmatiques et sociolinguistiques	0	0,5	1	1,5	2	2,5	3	3,5	4	4,5	5
Peut parler de lui/d'elle avec une certaine assurance en donnant informations, raisons et explications relatives à ses centres d'intérêt, projets et actions.											
Peut aborder sans préparation un échange sur un sujet familier avec une certaine assurance.											

■ Exercice en interaction

Compétences pragmatiques et sociolinguistiques	0	0,5	1	1,5	2	2,5	3	3,5	4	4,5	5
Peut faire face sans préparation à des situations, même un peu inhabituelles de la vie courante (respect de la situation et des codes sociolinguistiques).											
Peut adapter les actes de parole à la situation.											
Peut répondre aux sollicitations de l'interlocuteur (vérifier et confirmer des informations, commenter le point de vue d'autrui, etc.).											

■ Expression d'un point de vue à partir d'un document

Compétences pragmatiques et sociolinguistiques	0	0,5	1	1,5	2	2,5	3	3,5	4	4,5	5
Peut présenter d'une manière simple et directe le sujet à développer.											
Peut présenter et expliquer avec assez de précision les points principaux d'une réflexion personnelle.											
Peut relier une série d'éléments en un discours assez clair pour être suivi sans difficulté la plupart du temps.											

Pour l'ensemble des 3 parties de l'épreuve :

Compétences linguistiques	0	0,5	1	1,5	2	2,5	3	3,5	4	4,5	5
Lexique (étendue et maîtrise) Possède un vocabulaire suffisant pour s'exprimer sur des sujets courants, si nécessaire à l'aide de périphrases ; des erreurs sérieuses se produisent encore quand il s'agit d'exprimer une pensée plus complexe.											
Morphosyntaxe Maîtrise bien la structure de la phrase simple et les phrases complexes les plus courantes. Fait preuve d'un bon contrôle, malgré de nettes influences de la langue maternelle.											
Maîtrise du système phonologique Peut s'exprimer sans aide malgré quelques problèmes de formulation et des pauses occasionnelles. La prononciation est claire et intelligible malgré des erreurs ponctuelles.											

Solutions

LEXIQUE

1 | Les spectacles

A.
une pièce de théâtre : Les Fables de La Fontaine
une comédie musicale : Les Trois Mousquetaires
un spectacle solo d'humour : Fellag
un concert : Vianney
une exposition d'art : rencontre avec l'Asie
un événement sportif : Journée de championnat de France

B.
Ce musicien va partir en **tournée** partout en France. Il a beaucoup de succès !
Le spectacle me fait beaucoup rire, il est très **drôle**.
L'humour de cet artiste me plaît beaucoup !
Un **championnat** ? C'est une compétition de football.

C. Réponse libre

2 | Les émissions de télé et radio

A.
Intérieur sport : une émission sportive (10)
The Voice : une émission musicale (1)
Ça finit bien la semaine : une émission culturelle (6)
Ça pique, mais c'est bon : une émission de divertissement (5)
28 minutes : un magazine d'actualité (8)

B.
Ensemble d'émissions prévues : une programmation
Lieu où sont enregistrées les émissions de radio : un studio
Lieu où sont enregistrées les émissions de télé : un plateau
La personne qui présente une émission : un animateur
Les personnes qui assistent à une émission : le public
La personne qui fait une chronique : un(e) chroniqueur(euse)

C. Réponse libre
D. Réponse libre

3 | La presse

A.
1C, 2H, 3D, 4F, 5B, 6A, 7G, 8E

B. Réponse libre

C.
Les rubriques : la société, les sports, l'international, la politique, les offres d'emploi, le courrier des lecteurs, la culture, les faits divers
Les types d'article : le dossier, le reportage, l'interview, l'éditorial, la critique

D. *(Vous devez répondre de la façon suivante, mais le contenu de votre réponse peut être différent.)*
Il est vrai que de plus en plus de gens lisent la presse sur leur ordinateur, tablette ou smartphone. Ils le font beaucoup dans les transports en commun. Les journaux et revues ont dû s'adapter à cette évolution de la société. Cependant, il y aura toujours des amateurs de lecture sur papier, car beaucoup de gens passent leur journée devant l'ordinateur au travail, ils n'ont pas envie de lire sur écran le soir en rentrant chez eux.

4 | Les réseaux sociaux

A. Réponse libre

B.
De haut en bas et de gauche à droite :
1. le pseudonyme – 6. le statut – 2. la photo de profil – 5. le fil d'actualité – 4. un commentaire – 3. un tchat

C.
Ajouter quelqu'un / un ami / un compte
Écrire un message / un tweet
Changer de profil
Créer un compte / un avatar
Envoyer un message / un tweet
Recevoir un message
Répondre à un message
Suivre quelqu'un / un compte

D. *(Vous devez répondre de la façon suivante, mais le contenu de votre réponse peut être différent.)*
Pensée du soir : il faut distinguer les amis virtuels des amis réels. La vraie vie ne se fait pas devant un écran ! Les gens se comportent comme des enfants sans aucun contrôle sur Internet. L'anonymat révèle notre nature profonde.

GRAMMAIRE

5 | Les pronoms possessifs

1. Tu ne peux pas comparer notre professeur et **le leur**.
2. **La leur** peut accueillir cinq mille spectateurs. Elle est mieux !
3. Attends, je vais te montrer **la mienne**, elle est pas mal...
4. Peut-être qu'il y a une énergie différente dans **le nôtre**.
5. Quand je vois les musiciens de Miossec sur scène, je me dis que **les miens** ont encore beaucoup de travail à faire !
6. Oui, mais j'aurais bien aimé être à la place de Gaspard : **le sien** est celui du meilleur premier rôle !

7. Uniquement les musiciens, oui. **Le nôtre** sera blanc pour ce concert.

6 | Les pronoms relatifs simples et composés

A.

Si vous avez plus de 70 ans et rencontrez un homme **que** vous ne connaissez pas et **qui** se présente comme employé de la compagnie des eaux, ne lui ouvrez pas la porte ! Le badge sur **lequel** vous pouvez lire son nom et le papier **qui** justifie son passage sont probablement faux ou volés et vous avez affaire à un escroc **qui** va essayer de vous voler au moment **où** vous vous y attendez le moins.

Cinquante ans après sa mort, Le Corbusier fascine toujours. Cet architecte, **qui** a voulu élever le logement social à son plus haut niveau et **dont** l'œuvre est disséminée à travers le monde, est devenu l'un des architectes les plus célèbres de la planète. Cet homme, **qui** est né en 1887, a fixé les bases de l'architecture moderne **dont** les nouvelles générations se servent encore aujourd'hui. Un de ses bâtiments emblématiques, la Cité Radieuse de Marseille, sur **lequel** on a beaucoup écrit et où vivent près de 400 familles, vient de fêter ses 60 ans et reste un exemple de logement social de qualité.

« Nantes dans ma poche » est une application lancée en 2015 **qui** compte une quinzaine de services et grâce à **laquelle** on peut, par exemple, signaler un lampadaire en panne ou consulter les horaires des bus. Les usagers peuvent personnaliser les services **dont** ils ont besoin, ils ont la garantie d'avoir des informations **qui** sont actualisées en temps réel. Certains commerces avec **lesquels** la ville s'est associée proposent également de bons plans pour acheter futé.

7 | Les pronoms démonstratifs

A.

1. Céline a oublié son identifiant Skype, elle va te contacter en utilisant **celui** de Virginie.
2. Mon téléphone ne capte pas le réseau. Je ne comprends pas **ce** qui se passe.
3. Hum… je crois que tu as téléchargé un mauvais programme. Attends, je vais voir **ça**.
4. Bon, à mon avis, entre ces deux imprimantes, tu devrais prendre **celle-là**. Elle est plus chère, mais bien meilleure.
5. Tu as beaucoup de programmes dans ton ordinateur. Quels sont **ceux** que tu n'utilises jamais ou peu souvent ?
6. Tu veux quel téléphone ? **Celui** à 590 euros ?
7. Je ne peux pas lire de longs documents à l'écran, **ça** me fait mal aux yeux.

B.

1-c Celui où on a publié l'information est un journal national.
2-h Celui que j'ai lu me semble bien écrit.
3-b Ceux en format numérique sont très lus.
4-d Ceux qui sont intervenus à la radio ont fait une belle intervention.
5-e Celle en anglais est diffusée le matin à 5 heures.
6-a Celle qui est à gauche est la directrice du journal.
7-f Celui à 90 euros comprend 24 numéros sur deux ans.
8-g Celui de Libération est plus objectif.

8 | La mise en relief

A.

1. C'est la chaîne France 2 qui va diffuser un reportage sur les produits chimiques.
2. C'est en 1915 que *Le Canard enchaîné* a été créé.
3. C'est sur Internet que les gens lisent les journaux maintenant.
4. C'est grâce à Meetic qu'ils se sont rencontrés.
5. C'est le journaliste qui a commis une erreur, pas le journal qui diffuse l'affaire.
6. C'est de lecteurs plus jeunes que le magazine a besoin.
7. C'est la directrice elle-même que le journaliste voudrait rencontrer.

B.

1. Ce que j'adore à la télé, ce sont les émissions de téléréalité.
2. Ce que j'ai besoin de trouver, c'est une station de radio plus moderne.
3. Ce qui m'agace vraiment, ce sont ses déclarations politiques dans les journaux. (Attention au changement de personne du verbe *agacer*).
4. Ce que j'aimerais bien aller voir, c'est le spectacle de Florence Foresti.
5. Ce dont j'ai vraiment peur, c'est qu'il n'y ait plus de place pour le 15 juin.
6. Comme on passe à Montreux, ce qu'elle nous propose, c'est d'aller au festival de jazz.
7. Ce qu'il ne faut pas manquer à La Nouvelle-Orléans, c'est le carnaval.

9 | La voix passive

A.

Le Nouveau Galaxy A7 a été présenté par Samsung.
Le premier prix est attribué au film *Bois d'ébène* de Moussa Touré par le jury du festival.
L'émission *Mille et une vies* est supprimée par France 2.
Les réseaux sociaux sont envahis par les fausses nouvelles.

Le musée des Civilisations noires va être inauguré par le ministre de la Culture.
Le quotidien *Le Parisien* est racheté par LVMH pour 50 millions d'euros.

B.
1. Les JO de 2016 ont été organisés par Rio de Janeiro.
2. Les prochains JO seront organisés par PyeongChang.
3. Les derniers Jeux d'hiver ont été organisés par Sochi.
4. Les prochains Jeux d'hiver seront organisés par PyeongChang.
5. Les premiers Jeux ont été inventés par Athènes.
6. La coupe du monde de football de 2014 a été organisée par le Brésil.

C.
1. Oui toute l'émission a été modifiée.
2. La décoration et la disposition du studio ont été changées.
3. Une nouvelle animatrice a été engagée.
4. La durée de l'émission va être un peu augmentée.
5. Des échanges entre les invités et le public vont être proposés.
6. Grâce à Twitter, les téléspectateurs vont être invités à intervenir.
7. De petites surprises ont été prévues.
8. Le budget de l'émission a été augmenté.

TEXTES ET DOCUMENTS

1 | Document sonore A

A.
1. Deux personnes interviennent.
2. L'un est présentateur, l'autre est chroniqueur culturel.
3. La chronique porte sur un spectacle au Stade de France : *Le Voyage au centre de la Terre*, d'après le roman de Jules Verne.

B.
Le résumé 3 est correct, car le résumé 1 dit qu'il y avait 82 000 personnes, alors que le document sonore parle de 92 000 personnes. Le résumé 2 parle du Parc des Princes, alors que le document sonore cite le Stade de France.

C.
1. Oui, les médias ont fait beaucoup de publicité.
2. Parce que c'est la période de Noël, les gens dépensent de l'argent pour acheter des cadeaux.
3. Non, « malgré les mauvaises conditions météorologiques… les quatre représentations ont tout de même accueilli un total de 92 000 spectateurs. »
   Le mot « malgré » permet de répondre que les spectateurs n'ont pas été arrêtés par la mauvaise météo.
4. Les spectateurs demandent le remboursement de leur ticket.
5. Les organisateurs vont inviter les spectateurs à un autre événement.
6. À quoi peuvent servir les grands espaces en dehors des événements sportifs ?

D.
incohérent, nul, scandaleux, un échec (pour décrire le spectacle)
mécontent, peu enthousiaste (pour décrire les réactions des spectateurs)

E.
(Vous devez répondre de la façon suivante, mais le contenu de votre réponse peut être différent).
Médecin de campagne, le dernier film de Thomas Lilti avec François Cluzet et Marianne Denicourt n'a pas convaincu le grand public. En effet, cette comédie sentimentale tombe très vite dans les clichés. On sait dès le début que, malgré leurs caractères différents, les protagonistes vont tomber amoureux, alors on attend patiemment que ça arrive… Grosse déception.

2 | Document écrit A

A.
Après des débuts difficiles, le livre numérique a été amélioré et revient à la mode.
Certaines personnes préfèrent les livres en papier, mais le petit format du livre numérique a ses avantages.
Le livre numérique risque de faire baisser les ventes dans les librairies, mais les libraires restent indispensables pour conseiller les lecteurs.

B.
(Proposition de réponse)
Papier versus numérique

C.
Comment faire tenir dans votre sac tous les volumes d'Astérix de Goscinny et Uderzo ? C'est impossible, me direz-vous. Eh bien, plus maintenant, car l'e-book, c'est-à-dire le livre électronique, fait un retour très remarqué sur le marché des gadgets informatiques (= des livres électroniques). En effet, les premières versions de cet appareil (= du livre électronique), un peu plus gros qu'un livre mais plus petit qu'un ordinateur portable, n'avaient convaincu ni le public, ni les professionnels du livre lors de son lancement (= le lancement du livre électronique) il y a plusieurs années.

Entre-temps, la technique aidant, le format a été amélioré et son utilisation (= l'utilisation du livre électronique) a été simplifiée, à tel point que les spécialistes sont tous d'accord et lui (= au livre électronique) prédisent un avenir plus que florissant.

D.
un gadget informatique : petit appareil électronique
florissant : riche et prospère
télécharger : importer un document d'Internet
un cartable : sac d'école
détrôner : prendre la place de quelqu'un ou quelque chose
numérisé : mis sur un support électronique
un ouvrage : livre, écrits en général
remarqué : qui ne passe pas inaperçu

3 | Document écrit B

A.
(Proposition de réponse)
La télévision est un média universel qui suit l'évolution de la société, même si elle prend moins de place qu'Internet.

B.
1. ... mais cela ne leur suffit pas vraiment = la signalétique ne suffit pas aux parents.
2. Celle-ci est déjà interdite... = la publicité est déjà interdite
3. ... même celles pour enfants... = les émissions pour enfants
4. ... même si certains parents continuent à regarder les leurs = les émissions pour les parents

C.
– Dès la fin des années 1970, époque où notre télé moderne était encore débutante, on accusait les séries japonaises de l'époque d'être violentes.
– Quelques pays scandinaves ont déjà interdit la publicité.

La voix passive donne de l'importance au complément car il est mis comme sujet.

D.
La structure « ce que... c'est... » permet de donner de l'importance à un élément de la phrase, ça le met en valeur, on le remarque plus.

S'ENTRAÎNER

Compréhension de l'oral

Exercice 1
1. un nouveau service accessible sur Internet.
2. faux, faux, faux, faux

Exercice 2
1. rouvre ses portes.
2. Le style de présentation choisie par le musée s'inspire du XIXe siècle.
3. On peut voir l'atelier du peintre.

Compréhension des écrits

Exercice 1
1.
Aurélie : film 2 et 5
Benjamin : films 3 et 4
Karim : films 3, 4 et 5
Vous : films 1 et 5
2.
Le film le plus populaire est le film 5 *Miss Peregrine et les enfants particuliers*, car trois personnes sur quatre aiment les films fantastiques ou avec de la magie.

Production écrite

Exercice 1
(Quelques idées de plan pour la rédaction)
Hier soir, je suis allé au cinéma. ... Présence des réalisateurs
Rendez-vous 18 h devant le cinéma, avec Julien, apéritif dans un bar du quartier...
Projection puis commentaires sur le film (sujets traités, personnes interviewées)...
Débat sur l'écologie et sur ce que chacun peut faire...
Cocktail (trop de monde)...
Tu devrais y aller, film encore au cinéma pendant un mois...
On se voit bientôt, bisous...

Exercice 2
(Quelques idées de plan pour la rédaction)
Bonjour / Salut / Cher(ère)...
Hier soir, mon anniversaire, déjà 28 ans, surprise des amis : café théâtre....
Chez moi, repas 20 h, 7 personnes (Virginie, Mateo, Anne...), gâteau, bougies, cadeaux...
Café théâtre à 23 h. Impressionnant de chanter devant public mais amusant. Mateo scène de théâtre comique, plein de monde....

Production orale

Exercice 1
Réponse libre

ÉTUDIER ET TRAVAILLER

LEXIQUE

1 | Le bulletin scolaire

A.
Je crois que Guillaume aime les langues parce que son professeur d'anglais a écrit qu'il a des capacités pour les langues et la communication. Le professeur d'espagnol dit que c'est un excellent élève, très vivant.
Dans l'ensemble, Guillaume a des notes correctes, mais il ne fait pas d'effort dans les disciplines qui ne lui plaisent pas, comme l'EPS ou les arts plastiques.

B.
Qualités : attentif, intéressé, excellent, avoir des capacités, vivant, coopératif, bons résultats, persévérant, avoir des dispositions pour quelque chose,

Défauts : moyen, manque de travail, inattention en classe, trop de bavardages, ce n'est pas brillant, devoir faire des efforts, ne pas être persévérant, peut mieux faire, dissipé, rebelle, pas brillant, attitude endormie, manque d'effort, pas intéressé, décevant.

C. Réponse libre

2 | Le parcours scolaire

A.
Première colonne de bas en haut : école primaire – master
Deuxième colonne de bas en haut : cours élémentaire 2 – cours moyen 1 – sixième – seconde – terminale

B. C. Réponse libre

3 | La vie au travail

Fatia : 5
Irène : 7
Marc : 1
Mourad : 4
Gaétan : 6
Tom : 2
Lydie : 3
Sam : 3

4 | Les secteurs professionnels

A.
1c, 2h, 3l, 4e, 5b, 6f, 7g, 8k, 9i, 10d, 11a, 12j

B. Réponse libre

5 | L'emploi

A.
1. Recherche d'annonces d'emploi
2. Rédaction d'un CV et d'une lettre de motivation pour poser sa candidature
3. Tests psychotechniques
4. Entretien oral d'embauche entre le candidat et le recruteur
5. Signature du contrat d'embauche à durée déterminée (CDD)
6. Promotion sous forme de contrat à durée indéterminée (CDI)
7. Licenciement
8. Chômage

B. Réponse libre

GRAMMAIRE

6 | L'imparfait

Amandine : regardais – demandais – punissaient – avaient / paysagiste
Karl : soignais – trouvaient – encourageaient / médecin
Brigitte : jouais – enseignais – apprenais – mettais – organisais / enseignante

7 | L'alternance passé composé / imparfait

A.
suis allé – a reçu – me suis assis – a commencé – n'ai pas su – ai ri – suis sorti – n'ai pas eu

B.
s'est assis – était – portait – allait – ai commencé – ne me répondait pas / ne m'a pas répondu – as fait – savais – pouvait – regardais – a commencé – étais – ai demandé – s'est levé – a couru – es resté – est revenu – a pu

8 | Le plus-que-parfait

Alice : Deux mois avant d'être embauchée, Alice avait envoyé son CV à une entreprise de recrutement et elle avait passé un entretien avec le chef du personnel.
Six mois avant d'être embauchée, elle avait fait un court stage dans l'entreprise, puis ensuite elle a été embauchée.
Ahmed n'était pas sorti pendant des mois. Il avait bien travaillé les deux mois avant l'examen et avait pris des cours particuliers. La semaine d'avant, il avait fait attention à son sommeil et son alimentation.

9 | L'alternance passé composé / imparfait / plus-que-parfait

– Tu sais ce qui m'**est arrivé** hier ? J'**étais** tranquillement dans la cour et un prof **est venu** vers moi et m'**a dit** : « Jules, en salle de classe ! » Et il m'**a fait** entrer dans sa classe !
– Mais, enfin... Tu t'appelles Louis !

– Il **était** une fois un petit garçon qui ne **voulait** jamais aller à l'école. Sa maman lui **disait**...
– Euh... maman, tu parles de moi, non ?

– Au fait, je t'**ai** déjà **raconté** comment j'**ai fait** pour avoir mon examen d'éco ? Tu te souviens qu'avant l'examen j'**avais fait** des recherches sur Internet ? Eh bien, je m'**étais bien préparé**, et le jour de l'examen tout m'a paru facile !

– Tu connais pas la dernière ? Eh bien, Marie a un nouveau petit ami. Figure-toi qu'ils **se sont rencontrés** à l'anniversaire de Phil.
– C'est pas vrai ? Mais, c'est super !

10 | L'accord du participe passé

Madame Antoinette Baye est titulaire d'un master en français langue étrangère (université Paris Sorbonne Nouvelle). Elle **a enseigné** le français pendant quinze ans à l'université de Paris Nanterre. Depuis, elle **est rentrée** au Sénégal, son pays d'origine, et elle **a commencé** à travailler dans l'entreprise TICE pour tous, entreprise avec laquelle elle **avait collaborée** à distance sur plusieurs projets. Elle **est devenue** directrice en 2016 et elle **a participé** avec ses collègues à la création de nombreux projets pour l'apprentissage des langues. Elle les **a présentés** au Prix de l'éducation 2016 : ils **ont été très bien accueillis**.

TEXTES ET DOCUMENTS

1 | Document sonore A

A.
Secteur : la construction ou l'automobile
Type de poste : cadre moyen
Problèmes de santé : daltonien
Salaire : entre 30 000 et 40 000 euros.
Disposé à voyager : oui
Accepte un contrat à durée déterminé après l'intérim : oui
Disposé à travailler à l'air libre : oui
Permis de conduire : oui
Véhicule personnel : oui

B. Réponse libre

2 | Document sonore B

A.
un lycée de banlieue parisienne

B.
– Il s'agit d'échanges linguistiques entre deux lycées qui permettent aux élèves d'aller passer un an à l'étranger. Les élèves français du lycée situé en banlieue parisienne peuvent aller étudier un an en Espagne. Et ceux du lycée situé dans la banlieue de Madrid peuvent aller passer un an en France.
– Ils ne partent pas l'année du bac, car ils ont beaucoup de travail et le programme est surchargé à cause de l'examen.
– Il s'appelle Antonio, il est content de pouvoir parler français tous les jours et d'aider ses camarades en espagnol.
– Le proviseur dit que les élèves reviennent avec un bagage linguistique plus élevé et un bagage culturel qui leur donne plus d'ouverture d'esprit. Ils sont mieux préparés aux échanges et à l'expérience universitaire.

C.
– Un séjour linguistique : voyage dans un pays étranger pour apprendre la langue locale.
– Un échange : fait d'envoyer son enfant dans une famille d'un pays étranger, pour qu'il apprenne la langue, et de recevoir chez soi en contrepartie l'enfant de cette famille (définition du *Larousse* 2017)
– Le bagage culturel : ensemble de connaissances d'une personne.
– l'ouverture d'esprit : désigne la sensibilité à de nouvelles idées.

3 | Document écrit A

A.
Le CV anonyme a la même présentation qu'un CV traditionnel mais on a fait disparaître les données qui révèlent l'identité de la personne (nom, âge, photo, sexe, parfois lieu de résidence) pour permettre à tous d'avoir les mêmes chances pour obtenir un emploi.

B.
Avantages : le CV anonyme permet de lutter contre les a priori des recruteurs et contre le racisme (pour les noms à consonance étrangère). Il permet une sélection plus.
Inconvénients : c'est absurde car la discrimination se fera à l'entretien. Il faut des critères pour éliminer les candidats. C'est un reniement de son identité. On peut mettre l'adresse de quelqu'un d'autre. Parfois, les informations qu'on veut cacher peuvent se révéler être un critère d'embauche. Certains employeurs veulent voir la photo du candidat pour juger de leur aspect physique (bonne présentation).

C. réponse libre

4 | Document écrit B

1. Le bon travail que font les collèges du secteur qui envoient des élèves plus scolaires et curieux.
   La forte relation de proximité entre les élèves et les profs.
   La stabilité de la composition des classes.
   La transmission des bonnes pratiques entre les professeurs.
   Les effectifs réduits des classes.
   Le budget de l'établissement plus élevé.
   La vie culturelle du lycée avec des activités plus nombreuses.
2. Vrai : « Mais surtout par celle des équipes pédagogiques qui se transmettent d'année en année, plus qu'avant, les bonnes pratiques. »
3. Les classes ont des effectifs plus petits. Le lycée a pu développer de nombreuses activités culturelles.
4. Les élèves font des projets communs, travaillent différemment avec leurs professeurs. Tout le monde a un projet commun, ce qui permet de réduire les inégalités sociales.

S'ENTRAÎNER

Compréhension de l'oral

Exercice 1

1. Les globe-trotteurs.
2. Vrai
3. La décoration d'intérieur.
4. Des princesses.
5. Elle a parlé avec les partenaires locaux et elle s'est rendu compte que la décoration française avait beaucoup de succès.
6. Décorer de manière unique les palais.
7. Être à l'écoute, s'adapter, énergie, humilité, patience.

Compréhension des écrits

Exercice 1

1. La caisse d'allocations familiales du Puy-de-Dôme, un organisme social français.
2. Joan Solé Valls, il est étudiant.
3. La CAF lui demande de fournir des documents afin de pouvoir traiter son dossier.
4. Il doit envoyer les documents demandés dans la lettre.

Production écrite

Exercice 1

(*Quelques idées de plan pour la rédaction*).
Objectif : travailler dans une entreprise, être en contact avec les gens.
Dans l'entreprise : bien accueilli, tous gentils, difficile de connaître tout le monde, de comprendre le fonctionnement, bon contact au téléphone avec les clients.
Gratifiant d'obtenir des résultats, fascinant de voir une grande entreprise, goût pour la vente, rencontres intéressantes.
Finir très vite les études, trouver un travail similaire, utiliser mes contacts.

Exercice 2

(*Quelques idées de plan pour la rédaction*).
Constat : beaucoup de devoir à la maison.
Aspects positifs : permet de réviser, de pratiquer ce qui a été vu en classe, permet aussi de voir ce qu'on n'a pas compris.
Aspects négatifs : charge très lourde pour les parents qui travaillent et rentrent tard à la maison. Difficulté pour certains parents qui n'ont pas un bon niveau scolaire. Fatigue intellectuelle pour les élèves.
Proposition : employer des assistants scolaires pour aider à faire les devoirs après l'école, réduire la quantité de devoirs (voire les supprimer).

Production orale

Sujet 1

(Quelques notes indicatives de simulation de dialogue).
– Trop de devoirs à la maison : stress pour moi et pour mes enfants. Arrivée tard à la maison, enfants fatigués, envie de passer de bons moments ensemble.
– Importance des devoirs pour bien assimiler les cours.
– C'est le travail des enseignants, pas des parents.
– Participation essentielle des parents dans la scolarité des enfants.
– Pas d'accord, parents très occupés par le travail, tâches domestiques, sorties extrascolaires. Difficultés pour aider quand les parents n'ont pas le niveau scolaire nécessaire.
– Importance de s'impliquer dans la scolarité.
– Oui, très important, mais réduire la quantité de travail à la maison.

Sujet 2

(Quelques notes indicatives de simulation de dialogue).

– Volonté de mieux parler français.
– Moi aussi, donc organisation d'un voyage en France ?
– Très bonne idée, prendre des cours avant pour être plus à l'aise.
– Non, mieux d'apprendre sur place, au contact de la population.
– Impossible pour moi, trop timide, on ne va rien comprendre.
– Pas d'inquiétude, on parlera avec les mains, on va y arriver.
– Impossible d'avoir un vrai dialogue, ça limite les échanges. Prendre des cours donne des bases.
– Pas envie de prendre des cours, je préfère l'aventure.
– OK, toi à l'aventure, et moi je prends des cours.

LEXIQUE

1 | Les voyages

A.
Budget et argent : acheter des devises
Hébergement : dormir en auberge de jeunesse, aller au camping
Pratique : planifier son tour du monde, découvrir les événements culturels
Transports : auto-stop, location de voiture
Papiers et documents : passeport et carte d'identité, permis de conduire
Santé : la petite pharmacie

B. Réponse libre

C.
(Propositions de réponse)
Acheter un billet d'avion dans une agence de voyage ou sur Internet
Demander un visa
Consulter un panneau d'affichage
Présenter son passeport
Enregistrer ses bagages
Choisir un siège
Rejoindre la porte d'embarquement

D. Réponse libre

2 | Les pays

A.
Texte en haut à gauche : le Québec
Texte en haut à droite : la Guadeloupe
Texte en bas à gauche : le Mali
Texte en bas à droite : la Suisse

B.
– Les mots pour parler des paysages et de la végétation : collines, (banquises), lacs, territoire, espaces, paysages, (cocotiers), plages, eaux, forêt, (volcans), désert, nature, prairies, sommets, (fleurs)

– Les mots pour parler des gens, de leur mode de vie, de la société, des traditions : peuple, art de vivre, traditions, identité, coutumes, cuisine locale, fêtes, langue, le créole, traditions religieuses, tribus, l'élevage, l'artisanat, rites, croyances, folklore, culture, tradition culinaire

– Les mots pour donner ses impressions ou pour qualifier : vaste, grands, étonnant, riches, de rêve, transparentes, luxuriante, savoureuse, local, remarquable, dépaysement, intacte, enchanteur, enneigés, anciennes, varié, excellents

C. Réponse libre

D. Réponse libre

3 | Les impressions

A.
Sylvelie : Horrible / décevant / insupportable / froid
Rachid : Horrible / décevant / insupportable
Louise : génial / fantastique / super
Dani : calme / dépaysant

B.
(Propositions de réponse)
Somptueux : fastueux, luxueux, splendide, magnifique
Froid : terne, glacial
Sympathique : convivial, chaleureux, aimable
Horrible : affreux, abominable, épouvantable

C.
(Propositions de réponse)
Toujours satisfait
L'hôtel : L'hôtel avec vue sur la mer est magnifique ! J'adore !
La propreté : L'hôtel est impeccable, très propre et soigné.
L'emplacement : L'hôtel est bien situé dans un quartier calme, mais à proximité du centre-ville.
La nourriture : Nous avons très bien mangé, tout est savoureux et frais.
L'accueil : Le personnel de l'hôtel est sympathique et attentif, toujours prêt à aider ou à donner un renseignement.
Le rapport qualité/prix : excellent rapport qualité/prix, très satisfaisant.

Jamais satisfait
L'hôtel : La terrasse de ma chambre est toute petite, c'est un scandale !
La propreté : La salle de bains est sale et la chambre est poussiéreuse, c'est insupportable !
L'emplacement : L'hôtel situé dans un quartier horrible et bruyant, loin de tout.
La nourriture : Les menus sont chers et la nourriture est horrible.
L'accueil : Le personnel de l'hôtel est froid et désagréable.
Le rapport qualité/prix : Très décevant, beaucoup trop cher pour ce que c'est. Nous ne reviendrons pas.

D. Réponse libre

E.

(Vous devez répondre de la façon suivante, mais le contenu de votre réponse peut être différent).

Chère Jodie,

C'est une très bonne idée d'aller en Irlande pour tes prochaines vacances. J'y suis allé l'an dernier et j'ai adoré ! Les gens sont très accueillants, tu verras qu'ils n'hésitent pas à te demander si tu as besoin d'aide, ils sont toujours prêts à te renseigner. Au début, j'avais parfois du mal à les comprendre car l'accent irlandais est assez différent de celui de l'anglais classique que nous apprenons. Les paysages de l'Ouest sont fabuleux ! Verts et immenses, ils sont d'une grande poésie. Pour se loger, il y a beaucoup de *Bed and Breakfast*, souvent dans de petites maisons chaleureuses et typiques. C'est également une bonne façon de découvrir la gastronomie irlandaise.

Donne-moi des nouvelles si tu peux pendant ton voyage, sinon on en parlera à ton retour.

À très bientôt.

4 | La santé

A.

(Définitions extraites de www.larousse.fr)

- Hygiène : Ensemble des principes, des pratiques individuelles ou collectives visant à la conservation de la santé, au fonctionnement normal de l'organisme : avoir une bonne hygiène de vie.
- Pharmacie : Officine où sont préparés, conservés, remis au public les médicaments.
- Médicaments : Substance ou préparation administrée en vue d'établir un diagnostic médical, de traiter ou de prévenir une maladie, ou de restaurer, corriger, modifier des fonctions organiques.
- Ordonnance : Prescription d'un médecin ; papier sur lequel elle est portée.
- Comprimés : Préparation médicamenteuse de consistance solide [...].
- Infirmier(ère) : Personne habilitée à assurer la surveillance des malades et à les soigner sur prescription médicale.
- Piqûre : introduction dans l'organisme d'une aiguille pleine (acupuncture) ou creuse (injection, ponction), dans un [but] thérapeutique.

B.

Verbes liés à l'hygiène du corps :
se peigner
se brosser les dents
se couper les ongles
se doucher

Verbes liés à la maladie :
attraper froid
avoir de la fièvre
éternuer
souffrir
tousser

Verbes liés au travail du médecin :
prendre la température
examiner
faire une piqûre
opérer
soigner

C.

Clémentine : Je commence ! J'ai une forte douleur à la tête et j'ai mal aux yeux. J'ai... ?
Driss : Facile ! Tu as une **migraine** ! Et moi, j'ai le nez qui coule, la gorge irritée et j'éternue.
Lina : C'est un **rhume**. À mon tour, c'est quelque chose qui m'arrive quand je suis dans un endroit en hauteur ou quand je me sens faible.
Driss : Je sais ! C'est le **vertige**. Et moi, je suis tombé, ma jambe me fait très mal et je ne peux plus marcher.
Clémentine : Tu as une **jambe cassée**. Moi aussi, je suis tombée, je me suis fait mal à la main et puis j'ai vu mon doigt saigner.
Lina : Oh la pauvre ! Tu as une **blessure au doigt**. Alors que moi j'ai un virus qui me donne une forte fièvre et je tousse beaucoup.
Driss : C'est typique de la **grippe**. Et bien moi, j'ai mangé quelque chose et immédiatement après j'ai eu plein de petits boutons rouges partout sur le corps et j'avais du mal à respirer.
Clémentine : Ça s'appelle une **allergie** !

GRAMMAIRE

5 | L'hypothèse réelle

A.

(Propositions de réponse)

1. Si tu tombes malade, tu iras chez le médecin, il te donnera un traitement.
2. Si tu as un accident, tu seras pris en charge par ton assurance.
3. Si ton vol est annulé, tu prendras le suivant.
4. Si tu perds tes papiers d'identité, tu feras une déclaration de perte au poste de police.
5. Si tu oublies de prendre tes médicaments, tu les prendras plus tard.
6. Si l'hôtel n'a pas pris ta réservation, tu demanderas à parler au directeur.
7. Si tu ne comprends pas ce que les gens te disent, tu parleras avec les mains.
8. Si tu n'aimes pas la nourriture là-bas, tu essaieras de trouver un plat qui te plaît.

6 | L'opposition et la concession

A.

(Propositions de réponse)

À Bamako, il fait chaud, alors qu'à Montréal il fait plus frais.

Le billet pour Montréal coûte cher, en revanche le billet pour Bamako est à un prix très attractif.
Il n'y a pas de recommandation de santé pour aller à Montréal, au contraire le vaccin contre la fièvre jaune est obligatoire pour aller à Bamako.
Il faut demander un visa pour aller à Bamako, par contre seul un passeport valide est nécessaire pour aller à Montréal.

B.

1. Bien qu'une partie de sa famille habite à Montréal, Hugo n'est jamais allé au Canada.
2. Même si je n'ai pas beaucoup d'argent, j'ai décidé de faire ce voyage au Vietnam.
3. On est allé dans le désert marocain pendant une semaine, pourtant on buvait peu car on avait rarement soif.
4. Bien que Fabienne ait peur des animaux, elle est allée en camping dans la réserve naturelle de Niokolo Koba.
5. Malgré ses problèmes de santé, Kevin a fait un safari photo en Afrique centrale.
6. J'adore les voyages dans des pays exotiques, pourtant je ne suis jamais sorti de mon pays.
7. Malgré son superbe appareil numérique, les photos de son voyage en Guyane ne sont pas fantastiques.
8. Même si Lucie a passé un an en Tunisie, elle ne connaît pas l'île de Djerba.
9. Bien que nous soyons toujours très organisés au moment de préparer notre voyage, nous avons oublié notre trousse à pharmacie.
10. Même si j'avais une carte très détaillée des chemins de l'Atlas, nous nous sommes perdus plusieurs fois.

7 | Le subjonctif présent

A.

que vous fassiez
que vous cueilliez
que vous preniez
que vous mangiez
que vous enleviez
que vous éteigniez
que vous nagiez
que vous buviez

B.

que tu fasses
que tu cueilles
que tu prennes
que tu manges
que tu enlèves
que tu éteignes
que tu nages
que tu boives

C. Réponse libre

8 | Le conseil

(Plusieurs réponses possibles)

Je vous recommande de / Vous devriez / Je vous conseille de/d'…

vous faire vacciner contre la fièvre jaune.
vous munir d'un bonnet chaud.
bien vous couvrir la tête.
prendre des lunettes de soleil à cause de la neige.
avoir une crème solaire efficace.
boire beaucoup.
ne pas y aller pendant la saison des pluies.
partir bien équipé contre les basses températures.
emporter un produit contre les moustiques.

Je suggère que…

vous vous fassiez vacciner contre la fièvre jaune
que vous vous munissiez d'un bonnet chaud
que vous vous couvriez bien la tête
que vous preniez des lunettes de soleil à cause de la neige.
que vous ayez une crème solaire efficace.
que vous buviez beaucoup.
que vous n'y alliez pas pendant la saison des pluies.

que vous partiez bien équipé contre les basses températures.
que vous emportiez un produit contre les moustiques.

9 | La comparaison d'égalité

A.
1. aussi
2. autant d'
3. aussi
4. autant d'
5. autant de
6. aussi
7. autant de

B. Réponse libre

TEXTES ET DOCUMENTS

1 | Document sonore A

A.
1. L'alimentation, les activités physiques, l'hygiène, les médicaments, les maladies
2. Le docteur Emara pense qu'il existe chez l'être humain des moyens d'auto-guérison puissants. Il suffit de les connaître et de les utiliser pour se protéger contre de nombreuses maladies et pour guérir. On connaît mal notre corps, mais on a tout en nous pour être en parfaite santé, pour éviter de prendre des médicaments.
3. Le surpoids excessif peut être dangereux pour la santé.
4. Faux, le poids des os du squelette varie de 2 kg d'une personne à l'autre.

B. Réponse libre

2 | Document sonore B

1. C'est un tourisme différent, qui fait participer les populations locales aux différentes phases du projet touristique. Il permet d'être en contact avec la population locale et de redistribuer de manière plus équitable les bénéfices de l'activité touristique.
2. a. faux « dans plus de 60 pays »
b. vrai « vous vivrez chez l'habitant »
c. vrai « vous participerez ainsi au développement local »
d. faux
e. vrai « des personnes en situation de handicap »
3. par téléphone ou sur Internet en consultant le site

3 | Document écrit A

A.
Différences : Dans la version papier il y a plus d'informations pratiques.
Dans la version électronique : nombreuses destinations, 100 000 photos, section « inspiration » ; le forum, la boutique ; système de conversion des devises ; possibilité de connaître la météo ; reportages et dossiers thématiques ; section « événement » et activités » ; informations précises remises régulièrement à jour ; suit l'actualité ; sélection de bons liens ; service simple, facile et gratuit.
Similitudes : les bonnes adresses, informations riches.

B.
Le Guide du routard existe en version papier et sur Internet.
Le site Internet donne des renseignements divers, pratiques, et variés.
Il permet d'être informés sur l'actualité et les événements des lieux visités.
La version papier reste toutefois plus fournie en informations pratiques.

C. « Nous vous suggérons de regarder… »
« Si vous voulez connaître…, vous trouverez… » (présent de l'indicatif / futur de l'indicatif)
« Nous vous recommandons enfin de consulter… »

4 | Document écrit B

B.
Nom : Le Québec.
Villes principales : Québec et Montréal.
Population : environ 7 millions d'habitants (source www.larousse.fr).
Langues parlées : le français, l'anglais.
Renseignements pratiques : magasins ouverts sans interruption tous les jours. Réseau de galeries souterraines.
Climat : à Montréal et Québec, entre –15 °C et –6 °C en janvier. Entre 15 °C et 25 °C en juillet.
Faune et flore : faune typique des régions nordiques et très variée. Paysages de plaines autour de Montréal, de collines à l'est et de lacs, dans la région du Grand Nord.
Gastronomie : cuisine traditionnelle et consistante, production de sirop d'érable.
Culture et traditions : fête nationale du déménagement le 1er juillet.

C. Réponse libre.

D. Réponse libre.

S'ENTRAÎNER

Compréhension de l'oral

Exercice 1

1. Dans le métro.
2. Lyon
3. Une grève des conducteurs.
4. La journée.

Compréhension des écrits

Exercice 1

– Fuerteventura : plongée, plages, climat tropical, prix inférieur à 500 euros/personne.
– Lanterna : plongée, plages, climat tropical, traditions et intérêt culturel, prix inférieur à 500 euros/personne.
– La Guadeloupe : plongée, plages, climat tropical, traditions et intérêt culturel
– Marrakech : traditions et intérêt culturel, prix inférieur à 500 euros/personne.
– Kuta : plongée, plages, climat tropical, traditions et intérêt culturel
– La destination la plus approprié est Lanterna, car elle réunit toutes les conditions.

Production écrite

Exercice 1

(*Quelques idées de plan pour la rédaction*).
Week-end à Marseille, extraordinaire.
Voyage en avion très bien mais départ trop tôt.
Atterrissage avec vue sur la mer, magnifique.
Hôtel très bien, accueil chaleureux.
Canebière et vieux port.
Cathédrale, vue splendide sur le port.
Visite en bateau, baignade.
Trop court, super.
Prochaine fois, une semaine.

Production orale

Sujet 1

(Quelques notes indicatives de simulation de dialogue).
– Mal de tête, fatigue
– Il faut que tu manges plus de légumes, de fruits
– Je n'ai le temps d'aller en acheter
– Fais tes achats sur Internet, livraison à domicile
– Tu as raison
– Vas chez le médecin et qu'ils te donnent des vitamines
– Je vais prendre rendez-vous

Sujet 2

(Quelques notes indicatives de simulation de dialogue).
– Destination prochaines vacances ? Sur Internet, billets d'avion pas cher pour l'Égypte.
– Non, je ne parle pas anglais.
– Pas grave, pays magnifique, pyramides.
– Non, trop difficile si on ne parle pas anglais. Un autre pays ?
– Insister, pas cher.
– Rester en France ? Offre pour la Côte d'Azur sur Internet.
– Non, envie de changer de pays, exotique.
– Ok, mais tu t'occupes de tout.
– Super.

VIVRE ENSEMBLE

LEXIQUE

1 | Les valeurs

A. Réponse libre
B. Réponse libre
C. Proposition de titre : Le plaisir, valeur dominante.
D. Réponse libre

2 | Les situations de famille

A.
Clarisse : famille monoparentale
Mika : famille recomposée
Rachel : couple divorcé
Edouard : union libre
Malik : couple pacsé
Faustina : famille traditionnelle

B.
1. Ex-mari
2. belle-mère
3. copain
4. cousine
5. neveux

C. Réponse libre

3 | La vie associative

A.
1A, 2C, 3E, 4F, 5B, 6D, 7G

B.
(Vous devez répondre de la façon suivante, mais le contenu de votre réponse peut être différent).
A : Passion Montagne est une association qui organise des sorties en montagne pour faire du VTT. Les sorties ont lieu le dimanche, il est recommandé d'avoir déjà pratiqué le VTT, car le niveau est assez élevé. Ils organisent également des sorties randonnée et escalade accompagnées par des guides de haute montagne.

4 | La consommation et les consommateurs

A.
1C, 2D, 3B, 4A

B. Réponse libre

C.
(Vous devez répondre de la façon suivante, mais le contenu de votre réponse peut être différent).
L'économie collaborative est un système d'échanges ou de partages de biens afin de sortir des réseaux classiques d'achat/vente.

D.
(Vous devez répondre de la façon suivante, mais le contenu de votre réponse peut être différent).
Les fruits consommés au petit déjeuner viennent du jardin d'un voisin retraité, ils ont été échangés contre la taille de ses arbres. La personne se rend au travail en covoiturage. Elle possède une voiture, mais ne l'utilise que pour partir en vacances, ce qu'elle fait grâce à un site qui permet d'échanger son logement avec d'autres personnes vivant dans des pays étrangers. Le reste du temps, la voiture est louée à des particuliers par l'intermédiaire d'une plateforme collaborative. La nourriture (légumes, viande, pain, œufs) provient d'une exploitation agricole dans la région qui vend directement aux consommateurs.

GRAMMAIRE

5 | Donner son opinion et réagir

A.
(Vous devez répondre de la façon suivante, mais le contenu de votre réponse peut être différent).
– Il me semble important que le commerce équitable ait de plus en plus de succès.
– Je trouve ça bien qu'on ouvre une cantine bio à l'université de droit.
– Je suis surpris que des gens méditent au travail pour être plus performant.
– Ça ne m'étonne pas que l'assemblée vote des impôts pour les plateformes collaboratives.
– Je suis déçue que les valeurs de la société soient être jeune, riche et beau.
– Il me paraît indispensable que le commerce équitable ait de plus en plus de succès.
– C'est lamentable qu'être jeune, riche et beau soit les nouvelles valeurs de la société.
– Je regrette que certains méditent au travail pour être plus performant.

B.
(Vous devez répondre de la façon suivante, mais le contenu de votre réponse peut être différent).
1. Je suis persuadé que beaucoup d'achat sur Internet sont de la consommation compulsive.
2. Je ne crois pas que le bénévolat soit une excuse pour ne pas salarier.
3. Il me paraît indispensable de rémunérer le travail dans l'humanitaire.
4. Je ne doute pas qu'il existe d'autres manières de penser la famille.
5. Je ne peux pas imaginer que travailler jusqu'à 70 ans soit bientôt une réalité.
6. Je doute que l'humanité sache éviter une catastrophe écologique.

C. Réponse libre

6 | Le discours rapporté

(Vous devez répondre de la façon suivante, mais le contenu de votre réponse peut être différent).
Monsieur Martin dit que les enfants de monsieur Dupond sont mal élevés.
Monsieur Martin affirme que monsieur Dupond ne lui a jamais adressé la parole pour lui dire une chose aimable.
Monsieur Martin déclare que monsieur Dupond le critique systématiquement auprès des autres voisins.
Monsieur Martin se demande si monsieur Dupond pourrait arrêter de passer l'aspirateur le dimanche à 8 h du matin.

Monsieur Dupond estime que le volume de la télévision de monsieur Martin est trop fort.
Monsieur Dupond déclare que monsieur Martin gare toujours sa voiture devant son entrée de garage.
Monsieur Dupond pense que monsieur Martin pourrait lui dire bonjour quand il le voit.
Monsieur Dupond se demande si monsieur Martin a déjà assisté à une réunion de propriétaires.

7 | Les pronoms *y* et *en*

A.
1. Il profite des vacances. Il ne pense plus aux vacances.
2. Elle a peur de ne plus avoir de travail. Elle n'ose pas penser à la crise économique.
3. Il ne s'habitue pas aux nouveaux collègues, aux nouvelles manières de faire.
4. Il se souvient du jour où il a obtenu son diplôme.

B.
(Propositions de réponse)
2. Oui, je m'y adapte. Non, je ne m'y adapte pas.
3. Oui, j'en ai envie. Non, je n'en ai pas envie.
4. Oui, je m'y intéresse. Non, je ne m'y intéresse pas.
5. Oui, j'en ai besoin. Non, je n'en ai pas besoin.
6. Oui, je m'en souviens. Non, je ne m'en souviens pas.
7. Oui, j'y réfléchis. Non, je n'y réfléchis pas.
8. Oui, j'en rêve. Non, je n'en rêve pas.

TEXTES ET DOCUMENTS

1 | Document sonore A

A.
1. L'objectif de l'association est de donner à manger aux plus pauvres, d'aider à régler des problèmes administratifs, médicaux, juridiques ou autres. Elle aide également les gens à chercher un logement ou elle leur permet de se domicilier à l'association quand ils n'ont pas d'adresse fixe.
2. Elle organise un concert chaque année au printemps pour financer ses actions.
3. Un village méditerranéen.
4. Les chanteurs entrent en scène chacun leur tour avec un masque sur le visage.
5. Certaines personnes du public ont été invitées à monter sur scène pour chanter.

B. Réponse libre

2 | Document sonore B

A.
1. un rituel quotidien
2. un espace de liberté
3. la convivialité

B.
1. Il dit qu'avec ses copains ils finissent toujours par parler philosophie ou politique, mais qu'ils rigolent bien aussi.
2. Il affirme que c'est vraiment important pour lui. Il dit que c'est essentiel de voir ses amis et de partager un moment avec eux.

C.
(Vous devez répondre de la façon suivante, mais le contenu de votre réponse peut être différent).
Mon petit plaisir dans la vie, c'est de pouvoir faire la sieste après manger. Quand je travaille, ce n'est pas possible, mais chaque fois que je suis en vacances, j'en profite pour faire la sieste. Je m'allonge sur mon lit avec un bon livre et, en général, au bout d'un quart d'heure de lecture, je m'endors. J'adore cette sensation de me laisser glisser dans le sommeil !

3 | Document écrit A

A. Réponse libre

B.
Au collège, les marques les plus connues sont les plus populaires et sont très importantes.
Au lycée, les marques servent à ressembler aux autres.
À l'université, les marques servent à affirmer son style.

C.
Les marques sont très importantes pour les adolescents et les jeunes adultes. Au collège, elles permettent de se donner une image. Au lycée, elles réunissent les gens qui ont les mêmes goûts. À l'université, elles définissent le style et la personnalité.
Mais, il faut réfléchir avant de dépenser beaucoup d'argent dans les vêtements, il est plus agréable de le dépenser avec ses amis.

D.
Le journaliste a un ton moqueur et une opinion plutôt négative sur les marques : il y a beaucoup de points d'exclamation dans le texte.
Même si vous ne voulez pas toujours le reconnaître, vous adorez les marques.
... ces marques vendent une image, une attitude dans laquelle vous pensez vous reconnaître.
... (mais c'est beaucoup mieux si le pull est cher et exclusif!)
La prochaine fois, réfléchissez bien...
Vos parents apprécieront (les pros du marketing moins)...

4 | Document écrit B

A. Réponse libre

B.
Le plein-emploi
Un(e) chômeur(euse)
Y en a marre (il y en a marre)
La délocalisation

C. Réponse libre

D. Réponse libre

S'ENTRAÎNER

Compréhension de l'oral

Exercice 1

1. ce qu'ils font pour se sentir bien.
2. On veut combattre le mal de vivre en réconciliant l'esprit et le corps.
3. ce n'est pas une garantie pour être heureux.
4. Les soins du visage, les UV pour rester bronzé
5. C'est important de donner une bonne image de soi.

Compréhension des écrits

Exercice 1

1. de faire déjeuner à l'école enfants et personnes âgées.
2. Le maire a dit à un habitant qu'il viendrait manger à la cantine quand elle serait terminée, suite à cela le maire a eu l'idée d'ouvrir la cantine aux personnes âgées.
3. avoir des renseignements sur les conditions pour ouvrir une cantine.
4. a. Vrai : Plusieurs des personnes âgées étaient réticentes à ce projet. [...] Cependant, « l'essayer, c'est l'adopter », nous dit le maire. Chaque senior réticent a fini par revenir après y être allé une fois.
   b. Vrai : l'idée plaît aux petits comme aux grands. Les enfants sont ravis.

Production écrite

Exercice 1

(*Quelques idées de plan pour la rédaction*).
Dans ma ville : réseau de tunnels souterrains datant du Moyen-Âge.
Accès à des lacs et rivières souterrains.
Office de tourisme organise des visites avec guides.
Visites avec des lampes de poche, mais problème technique avec plusieurs lampes, donc visite dans l'obscurité.
Très impressionnant, bruits étranges, odeurs bizarres.
Peur, excitation : une grande expérience.
Autre regard sur ma ville.

Production orale

Exercice 1

(Quelques notes indicatives de simulation de dialogue).
État des lieux : beaucoup de stress et de pression au travail.
Certains travaillent bien sous pression, d'autres non.
Importance de se sentir à l'aise au travail, d'être détendu pour pouvoir se concentrer.
Arrêter de vouloir faire tout trop vite car on le fait mal.
Employés heureux = employés plus investis, qui travaillent mieux.

LEXIQUE

1 | L'actualité

A.

(Propositions de réponse pour 2017)

– La politique : L'élection présidentielle a eu lieu cette année en France.
– L'environnement : Un terrible ouragan s'est produit aux États-Unis.
– Le sport : En 2024, les JO se passeront à Paris.
– Les sciences : Une éclipse totale est arrivée aux États-Unis en août dernier.

B.

LA POLITIQUE : Bulletin de vote, élection, ministres, loi, parti, parlement

L'ENVIRONNEMENT : faune, flore, écosystèmes, respect de l'environnement, protection des animaux, pollution des eaux

LE SPORT : équipe, compétition, match, paris sportifs, terrain, marathon

LA CULTURE : cinéma, fête de la musique, théâtre, traditions, patrimoine, art

L'ÉCONOMIE : banque, finance, argent, capitalisme, pouvoir d'achat, bourse

LES SCIENCES : biologie, mathématiques, théorie, physique, astronomie, chimie

LA SOCIÉTÉ : communauté, individu, relation, vivre ensemble, peuple, citoyen

C.

Réponse libre

2 | L'environnement

A.

Réponse libre

B.

Conséquences sur l'air	– l'utilisation du pétrole ou du charbon (transport, industrie…) – le réchauffement climatique – l'énergie nucléaire
Conséquences sur l'eau	– les déchets en plastique – l'énergie nucléaire – les produits chimiques utilisés dans l'agriculture – le réchauffement climatique
Conséquences sur les sols	– les produits chimiques utilisés dans l'agriculture – les déchets en plastique
Conséquences sur les animaux	– le réchauffement climatique – le développement des villes et des espaces industriels – les déchets en plastique – les produits chimiques utilisés dans l'agriculture
Conséquences sur les populations	– le développement des villes et des espaces industriels – les produits chimiques utilisés dans l'agriculture – l'énergie nucléaire

C.

(Propositions de réponse)

– Nous n'utilisons pas assez les transports en commun. Certaines familles ont 3 voitures.
– Nous consommons beaucoup d'eau pour arroser les jardins à cause de la sècheresse.
– Nous ne faisons pas le tri des déchets.

3. La politique

A.

Courants de pensée	Institutions	Personnes
• La gauche • Le communisme • La droite • Le socialisme • L'extrême droite • Le libéralisme	• Un gouvernement • Le parlement • Le sénat • L'Assemblée nationale	• Un ministre • Un député • Le président de la République • Un sénateur • Un Premier ministre • Un chef d'état

B.
ministre – classe politique – candidat – carrière politique – pouvoir – idéologie – député nommé

C.
1. La population vote pour un candidat aux élections. La population élit un candidat.
2. Les ministres examinent les projets de loi. Les ministres gouvernent le pays.
3. Les députés et les sénateurs manifestent contre les projets de loi.

4 | L'économie

A.
(Propositions de réponse)
- **Exporter:** Le Maroc exporte énormément de tomates en France.
- **Chômage:** Le taux de chômage ne cesse d'augmenter.
- **Impôt/augmenter:** L'impôt sur la fortune va être augmenté cette année
- **Pouvoir d'achat:** Le pouvoir d'achat des ménages a diminué ces dernières années.
- **Consommation:** La consommation excessive d'alcool entraîne des risques pour la santé.
- **Licenciement:** Le licenciement est autorisé en cas d'absence injustifiée.
- **Contrat de travail:** Les contrats de travail à durée indéterminée sont de plus en plus rares.

B.

LE VERBE	LE FAIT	LA PERSONNE
consommer	la consommation	un consommateur
exporter	l'exportation	un exportateur
produire	la production	un producteur
acheter	l'achat	un acheteur
vendre	la vente	un vendeur
employer	l'emploi	un employé
licencier	le licenciement	x
augmenter	l'augmentation	x
développer	le développement	x

C.
Importer – public – syndicat – employeur – grève – licenciement

GRAMMAIRE

5 | Les adjectifs et pronoms indéfinis

A.
1. Dans notre entreprise, **la plupart** des employés travaillent à temps partiel.
2. **Tous nos produits** sont fabriqués en France.
3. Beaucoup d'employés prennent des vacances en août, mais **certains** les prennent en septembre.
4. Des clients nous paient en euros, et **d'autres** nous paient en dollars.
5. Nous avons reçu trente candidatures, et **quelques-uns** ont un très bon profil professionnel.

B.
1. **Tous** nos produits sont garantis 5 ans.
2. L'entreprise va bien économiquement mais elle connaît **certaines** difficultés.
3. **Chaque** machine que nous produisons subit des tests de qualité.
4. **Certains** de nos clients disent rencontrer des problèmes de livraison.
5. Nous n'avons reçu **aucune** commande venant des États-Unis.
6. **Toutes** les matières importées sont taxées à 20%.
7. Notre pays est sorti de la crise économique, mais **d'autres** la subissent encore.

6 | L'hypothèse irréelle

A.
(Propositions de réponse)
– Si j'avais la possibilité d'aider les autres, je m'engagerais dans l'humanitaire.
– Si j'étais riche, je donnerais une partie de mon argent à des associations.
– Si j'avais un rôle politique important, je changerais certaines lois.
– Si je faisais partie d'une association influente, je ferais établir de nouvelles lois.
– Si je possédais plusieurs entreprises, je travaillerais plus.
– Si j'étais une personnalité célèbre, je serais influent auprès de jeunes.
– Si je ne devais pas travailler, je serais déprimé.
– Si je pouvais donner des conseils aux dirigeants de mon pays, je leur demanderais de réagir face à la crise migratoire.

B.
(Propositions de réponse)
– Si tu gagnais beaucoup d'argent, qu'est-ce-que tu ferais ?
– Si tu étais une chanteuse célèbre, quelle influence tu aurais auprès de ton public ?
– Si tu avais du temps pour faire ce que tu voulais, qu'est-ce-que tu ferais ?
– Si tu pouvais changer quelque chose de la société, qu'est-ce-que tu changerais ?

7 | La cause

A.
car / parce que
à cause des
puisque
grâce à
comme
car / parce que

B.
(Propositions de réponse)
1. puisque le système actuel ne marche pas.
2. car elles permettent d'aider des pays dans le besoin.
3. grâce aux vaccins qui sont distribués.
4. a cause des dettes.
5. parce qu'ils ne peuvent pas s'en sortir.
6. comme ils ne trouvent pas de travail dans leur pays.

8 | La conséquence

A.
1-c, 2-f, 3-d, 4-a, 5-e, 6-b

B.
(Propositions de réponse)
1. Demain, il fera beau sur la côte. Voilà pourquoi la course de voilier a été maintenue.
2. Dans cette région, en hiver, il neige beaucoup. C'est pourquoi toutes les voitures sont équipées de chaines.
3. Sur l'autoroute, hier soir, il y avait beaucoup de brouillard. Donc toutes les voitures ont du s'arrêter.
4. Les rivières du département sont de moins en moins polluées. Ainsi les habitants pourront bientôt s'y baigner.
5. Ici, il y a souvent de gros orages à la fin de l'été. Alors les vacanciers évitent ce coin.

9 | La restriction

1. Le Sénat ne compte que 60 femmes pour 331 élus.
2. Dans les filières générales, il n'y a que 88,3 % des garçons qui obtiennent le baccalauréat, contre 90,6 % des filles.
3. Avant 1965, les Françaises ne pouvaient travailler et ouvrir un compte en banque qu'avec l'autorisation de leur mari.
4. L'espérance de vie des Françaises est de 85,4 ans, elle n'est que de 79,4 ans pour les hommes.
5. Les hommes ne consacrent que deux heures aux tâches domestiques (ménage, courses, soins aux enfants…), les femmes trois heures vingt-six minutes.

TEXTES ET DOCUMENTS

1 | Document sonore A

A.
Théo : Je n'ai pas vraiment le choix. Je leur rends des services en contrepartie.
Damien : Vivre chez mes parents me permet de me loger.
Samia : Vivre encore avec mes parents me fait de la compagnie et en même temps me permet de pouvoir prendre du temps pour moi.

B.
(Propositions de réponse)
Je suis toujours là quand ils le demandent.
Parfois elle pense vraiment à revenir.

C.
1. Ouais, bon…
2. Oui, c'est ça.
3. Ben ouais !
4. Bon c'est vrai…
5. Ben c'est simple…
6. Attendez !

D. Réponse libre

2 | Document sonore B

A.

1. Le forum social mondial.
2. L'ambiance est festive.
3. Des conférences/des ateliers/des discussions/des présentations autour de différents thèmes.

B.

(Propositions de réponse)

Edgar Morin (sociologue et philosophe français) présent au forum social mondial et Aminata Traoré (femme politique et écrivaine malienne) qui s'est vue refuser l'entrée au Canada pour participer au forum ont été cités dans le document pour montrer qu'aujourd'hui encore nous ne sommes pas tous égaux en ce qui concerne la libre circulation.

C.

(Propositions de réponse)

En 2016, le forum social mondial a eu lieu à Montréal. Cet évènement a regroupé des personnes de toutes nationalités et de nombreuses activités axées sur différents thèmes tels que les inégalités sociales ou l'écologie ont été proposées. Des personnalités du monde entier ont pu assister à l'évènement, d'autres se sont vues refuser l'entrée au pays. Se pose alors encore aujourd'hui la question de la libre circulation des personnes.

D. Réponse libre

3 | Document écrit A

A.

Réponse libre

B.

(Propositions de réponse)

Paragraphe 1 : Il faut se limiter dans l'utilisation de la télévision car certaines images peuvent être très choquantes.

Paragraphe 2 : Il faut interpréter l'actualité de la bonne manière, elle sera ainsi moins menaçante.

Paragraphe 3 : Il faut diversifier ses sources, parce que cela permet d'avoir une information plus sûre.

Paragraphe 4 : Il faut savoir observer les conflits avec recul, en effet nous pourrons mieux juger les évènements qui nous affectent.

Paragraphe 5 : Il faut savoir s'impliquer dans la vie sociale grâce à différentes actions qui pourraient nous apaiser.

C.

Encore plus / ou encore / de plus

4 | Document écrit B

A.

(Propositions de réponse)

Paragraphe 1 : L'étude montre l'augmentation de la température dans le prochain millénaire dû au réchauffement climatique.

Paragraphe 2 : Toutes actions pour l'arrêter l'amplifierait.

Paragraphe 3 : Protéger l'environnement est devenu vitale car les conséquences peuvent être catastrophiques.

Paragraphe 4 : Ces transformations climatiques ne sont encore jamais arrivées, par conséquent les chercheurs peuvent plus prédire que prévoir.

B.

L'utilisation de l'imparfait montre une hypothèse qui a peu de chance de se réaliser.

L'utilisation du présent montre que l'hypothèse a des chances de se produire.

C.

Les chercheurs peuvent seulement faire des prédictions car ils travaillent désormais à l'aveugle.

S'ENTRAÎNER

Compréhension de l'oral

Exercice 1

1. Une usine automobile.
2. Du jazz/de la musique électronique.
3. Entre 35 et 45.
4. Un lieu pour répéter.

Exercice 2

1. des risques que courent les journalistes dans les pays en guerre.
2. pour vérifier les faits sur place.
3. on ne sait pas.

Exercice 3

1. l'école aujourd'hui.
2. leur quartier.
3. pour gagner sa vie.
4. qu'il a moins de chance de réussir le concours.
5. en terminal S.
6. Zone d'éducation prioritaire.
7. vont tous en bac professionnel.

Production écrite

Exercice 1

(Quelques idées de plan pour la rédaction)
Introduction : Rappel du sujet (l'agriculture intensive pour nourrir le monde)

Développement : Le candidat pourra parler des rendements importants que génère ce genre de production mais qu'il y a des conséquences désastreuses sur l'environnement d'une part (pollution des sols, des eaux et de l'air/appauvrissement des terres cultivées/consommation excessive d'eau…) mais aussi sur la santé (problèmes respiratoires/maladies de la peau/cancer/stérilité…)

Conclusion : Proposer des solutions pour réduire l'impact écologique (agriculture durable). Le candidat pourra conclure en imaginant le monde dans 100 ans si nous continuons ainsi.

Production orale

Exercice 1

(Quelques idées de plan pour la rédaction)
Introduction : Présenter l'article (Boycott de produits cosmétiques) Mettre en avant les causes de ce boycott.

Développement : Le candidat pourra parler de l'utilisation de plus en plus excessive des produits de beauté (dans une société où le paraitre est important) et parler éventuellement de son expérience personnelle. Se poser la question de savoir si il faut boycotter totalement les produits cosmétiques vendus sur le marché ? (les produits bio sont plus chers et moins faciles d'accès/préparer ses produits soi-même demande du temps et un certain savoir-faire…) Il pourra proposer des solutions pour que le consommateur puisse se protéger (bien s'informer/lire les étiquettes/éviter les produits les plus toxiques…) et mettre en avant les effets négatifs à long terme de l'utilisation de ces produits (maladies…)

Conclusion : Donner son point de vue sur la question (pour une réglementation des produits cosmétiques ?).

Solutions Examens

COMPRÉHENSION DE L'ORAL

Document 1

1. Deux étudiants.
2. Film comique.
3. Le tarif réduit.
4. Ça ne l'amuse pas.
5. C'est un film émouvant et drôle.
6. Car il y a beaucoup de monde.

Document 2

1. a vu quelques spectacles du Cirque Plume.
2. Carnaval.
3. Un amateur de cirque.
4. Des images nouvelles. Le jeu des artistes et des musiciens est innovant.
5. font du beau sans chercher le compliqué.
6. Magie. Poésie

Document 3

1. Le président d'une association de cinéma.
2. Du monde entier.
3. À un jeune public.
4. À un public qui a entre 18 mois et 20 ans.
5. sont des participants non rémunérés.
6. En choisissant parmi les sélections des distributeurs. En regardant dans les magazines consacrés au cinéma jeune public.
7. Ils interrogent des psychologues.
8. Car il y a des précautions à prendre à l'égard de l'impact de l'image sur les jeunes.

COMPRÉHENSION DES ÉCRITS

Exercice 1

1.

	PROPOSITION		
	1	2	3
Menu groupes	✓	✓	✓
Menu végétarien	✓	✓	
Menu enfants	✓	✓	✓
Musique en direct		✓	
Prix inférieur à 25 euros	✓	✓	✓

2.
Proposition 2

Exercice 2

1. La description d'un nouveau système économique.
2. de changer notre façon d'échanger et d'acheter.
3. Faux. « un phénomène en pleine expansion qui touche des pans entier de l'économie. »
4. Les évolutions technologiques et la baisse du pouvoir d'achat.
5. Partager les frais d'un déplacement en voiture. Emprunter un logement. Louer un appartement à courtes durées chez des particuliers. Louer des vélos en libre-service.
6. Faux. « Qui permet aux particuliers comme aux professionnels de mettre toutes sortes de biens en location. »
7. Faux. « On peut profiter d'un objet ou service à plusieurs. Les vélos en libre-service... d'utiliser un bicycle sans le détenir. »
8. d'acheter mieux et moins cher.
9. de mettre en relation les producteurs et les consommateurs.
10. Vrai. « Les gens viennent d'abord vers la consommation collaborative pour le porte-monnaie. »
11. satisfaits.

PRODUCTION ÉCRITE

(Suggestion)

Introduction : Importance ou non de la consommation collaborative dans la société actuelle (besoin de consommer plus - baisse du pouvoir d'achat - prise de conscience de la société de consommation).

Développement : Le candidat parlera de ses habitudes de consommation qu'il comparera avec celles du texte. Il expliquera pourquoi il consomme de cette manière en donnant des exemples précis.

Conclusion : Point de vue sur le développement de la consommation collaborative dans les années à venir.

PRODUCTION ORALE

Entretien dirigé

L'examinateur commence l'entretien avec une question et relance le candidat si besoin.

Exemples de questions:
- Pouvez-vous vous présenter, me parler de vous, de votre famille?
- Quels sont vos loisirs?
- En quoi consiste votre profession?
- Qu'avez-vous fait pendant les dernières vacances? Racontez-moi.
- Quels sont vos projets pour le futur?

EXERCICE EN INTERACTION

Sujet 1
(Suggestion)
C'est un face à face entre un vendeur et un client mécontent.
Le candidat (le client) explique sa situation. Il a acheté un parfum mais ce n'est pas le bon parfum qu'on lui a remis.
Il montre son mécontentement en expliquant que c'était pour l'anniversaire de son frère.
Le vendeur rassure le client en lui proposant une solution. (Par exemple lui faire un avoir dans le magasin).
Le client n'est pas satisfait et demande qu'on le rembourse.
Ils arrivent enfin à un accord et le client s'en va satisfait.

Sujet 2
(Suggestion)
C'est un face à face entre un agent de police et un conducteur (ne pas oublier les règles de politesse).
L'agent entame la conversation.
Le conducteur (candidat) s'excuse et explique pourquoi il n'a pas ses papiers (sa femme l'a appelé en urgence et il est parti de chez lui précipitamment).
L'agent n'est pas convaincu par ses explications et décide de le verbaliser.
Le conducteur essaie de trouver une solution pour éviter la sanction (aller chercher ses papiers-appeler sa femme).
Ils arrivent à un accord.
Les deux prennent congé.

EXPRESSION D'UN POINT DE VUE

Document 1
(Suggestion)
Introduction: Présentation de l'article (recycler pour l'avenir).

Développement: Le candidat pourra évoquer les conséquences positives du recyclage et les freins que certains peuvent avoir face au recyclage en donnant des exemples précis. Il pourra parler de ses habitudes en termes de recyclage et des possibilités qu'on peut apporter (consommateur/société).

Conclusion: Donner son avis sur la question. (Nécessité? Mode? Prise de conscience?)

Document 2
(Suggestion)
Introduction: Présentation de l'article (le droit à la déconnexion). Parler des avantages rapidement et ouvrir le sujet sur la problématique.

Développement: Le candidat pourra parler des inconvénients liés à l'hyper connectivité en donnant des exemples précis (fatigue-diminution de la productivité-burn out-surcharge cognitive). Il pourra parler de son expérience personnelle. Il pourra également proposer des solutions.

Conclusion: Donner son point de vue sur la question (conséquences sur le long terme?)

COMPRÉHENSION DE L'ORAL

Document 1

1. À sa grand-mère.
2. il veut rendre visite à la personne qu'il appelle.
3. À 14 heures.
4. parce que c'est l'heure d'une émission de télévision.
5. À 15 heures.
6. Pour faire des courses.

Document 2

1. d'une installation sur le thème de la langue.
2. au musée de l'homme.
3. un mur où se trouvent des langues que l'on peut tirer pour découvrir de nombreuses langues à travers des enregistrements.
4. 80 langues.
5. enthousiaste.
6. à tous les publics.

Document 3

1. Une spécialiste d'Arsène Lupin.
2. En 1905.
3. d'écrire une histoire à la façon de Sherlock Holmes.
4. Arsène Lupin est un voleur qui vole au secours des plus pauvres alors que Sherlock Holmes est un détective au service de la police.
5. Car tous les deux sont des voleurs qui aident les plus pauvres.
6. élégant, grand, voleur.
7. roman
8. les deux.

COMPRÉHENSION DES ÉCRITS

Exercice 1

1.

	PROPOSITION		
	1	2	3
3 semaines de cours	✓	✓	✓
Cours après le 15/7	✓	✓	✓
Pas de cours l'après-midi	✓		✓
Possibilité de logement en famille			✓
budget	✓	✓	✓

2. Proposition 3.

Exercice 2

1. D'un concours de lycéens pour participer à Wikipédia.
2. Faux. « ... pensez à bien indiquer vos sources. Et pour rappel, Wikipédia n'en est pas une »
3. D'avoir plusieurs sources/références.
4. « Wikipédia est une encyclopédie exigeante avec des règles strictes : interdiction de copier-coller ce qui existe déjà, neutralité dans l'écriture exigée, précision obligatoire »
5. Faux. « Neutralité dans l'écriture exigée. »
6. Les deux.
7. Faux. « Élaborer entièrement une page, ou en enrichir une déjà existante. »
8. Faux. « L'impératif étant de respecter les règles de fond et de forme de Wikipédia, et d'interagir avec les autres contributeurs de l'encyclopédie. »
9. ont créé une nouvelle page sur le dessin de presse.
10. ont enrichi plusieurs articles.
11. ont répondu et posé des questions à la communauté.

PRODUCTION ÉCRITE

(Suggestion)
Introduction : Le candidat pourra introduire le sujet en disant comment cela se passe dans son propre pays (langues étrangère en maternelle ou plus tard ?)

Développement : Il pourra parler des avantages et des inconvénients en donnant des exemples précis (ouverture sur la culture d'autres pays - plus on apprend tôt plus on maîtrise la langue - confusion possible en pleine période d'apprentissage de la langue maternelle).

Conclusion : Donner son point de vue sur la question. (Faut-il apprendre les langues étrangères à l'école maternelle ou plus tard ?)

PRODUCTION ORALE

Entretien dirigé
L'examinateur commence l'entretien avec une question et relance le candidat si besoin.

Exemples de questions :
- Pouvez-vous vous présenter, me parler de vous, de votre famille ?
- Quels sont vos loisirs ?
- En quoi consiste votre profession ?
- Qu'avez-vous fait pendant les dernières vacances ? Racontez-moi.
- Quels sont vos projets pour le futur ?

EXERCICE EN INTERACTION

Sujet 1
(Suggestion)
C'est un face à face entre un vendeur et un client étudiant (ne pas oublier les règles de politesse et de salutation).
L'étudiant salue et demande une entrée pour un film en précisant qu'il est étudiant.
Le vendeur lui demande un justificatif étudiant.
L'étudiant la cherche et s'excuse car il ne le trouve pas.
Le vendeur regrette mais ne peut pas faire la réduction sans présentation d'un justificatif.
L'étudiant insiste en expliquant qu'il vient souvent.
Le vendeur refuse.
L'étudiant accepte de payer le plein tarif.

Sujet 2
(Suggestion)
C'est un face à face entre un vendeur et un client.
Le client entre dans le magasin et explique pourquoi il est là (échange d'un vêtement car erreur de la part du magasin).
Le vendeur regrette et explique que ce n'est pas possible (achat pendant les soldes).
Le client insiste et demande à être remboursé.
Le vendeur refuse.
Le client insiste encore une fois et fini par s'énerver (demande à parler au responsable).
Le vendeur ne peut pas répondre à sa requête.
Le client prend congé et s'en va mécontent.

EXPRESSION D'UN POINT DE VUE

Document 1
(Suggestion)
Introduction : Présentation de l'article (Abeilles versus robots). Mettre en avant les causes de la menace d'extinction des abeilles ainsi que ses conséquences et la solution proposée par des chercheurs japonais.

Développement : Le candidat pourra parler de l'importance de la survie des abeilles (se retrouver à court de nourriture) et les solutions proposées (réglementer l'utilisation des pesticides).
Utilisation des abeilles robots (remet en cause le rapport entre l'homme et la nature) / se concentrer sur la survie des abeilles plutôt que sur leur remplacement (coût onéreux/sur le long terme on ne connait pas les résultats/les robots ne seront pas aussi efficaces que les abeilles).

Conclusion : Donner son avis sur la question.

Document 2
(Suggestion)
Introduction : Présentation de l'article (la technologie en salle de classe).

Développement : Le candidat pourra parler de sa propre expérience. Mettre en avant le fait que les jeunes d'aujourd'hui n'utilisent plus les ressources papiers et que la technologie tient une place importante dans le quotidien des jeunes. Les professeurs doivent adapter leur méthode d'apprentissage. Il pourra parler des avantages en donnant des exemples précis (solution face à l'ennui/dynamisme-motivation/apprentissage autonome/accès à des informations plus complètes) des conséquences (il peut être distrait facilement si autonomie totale…) et les limites à mettre en place pour ne pas se faire dépasser (temps limité/un seul ordinateur par classe).

Conclusion : Donner son avis sur la question.

COMPRÉHENSION DE L'ORAL

Document 1

1. si elle peut venir avec des amis au cinéma.
2. que l'histoire n'est pas intéressante.
3. qui parlent d'un sujet réaliste.
4. d'être moins rigide.
5. 8 heures.
6. de se rejoindre après le film et de boire un verre.

Document 2

1. des informations pour changer de travail.
2. trouver la bonne idée.
3. les premières années sont les plus difficiles à gérer.
4. confiante et tranquille pour monter son entreprise.
5. elles veulent des garanties.
6. une idée, du temps, des contacts, de la méthode, de la persévérance.

Document 3

1. Vivants.
2. réservée spécialement aux enfants.
3. d'aider les enfants traumatisés par la guerre.
4. À de nouvelles méthodes d'apprentissage comme Montessori ou Fresnay.
5. L'épanouissement de l'enfant par le livre.
6. Des activités de théâtre. Un journal écrit par les enfants.
7. Une ruche.
8. Rendre les bibliothèques moins intimidantes.

COMPRÉHENSION DES ÉCRITS

Exercice 1

1.

	PROPOSITION		
	1	2	3
âge	✓	✓	
forêt + rivière	✓	✓	
logement	✓	✓	✓
calendrier	✓		✓
budget	✓	✓	

2. Proposition 2

Exercice 2

1. de l'addiction des gens au smartphone.
2. vrai. « depuis un an et demi, l'association organise un *afterwork déconnecté* chaque trimestre »
3. faux. « les participants sont loin de la crise de manque. »
4. Les gens parlent avec les autres.
5. Car ce n'est pas rassurant.
6. Après avoir vu le documentaire « digital detox ».
7. font diverses activités sans leur smartphone.
8. fatigantes.
9. faux. « faut dire qu'on n'apprend nulle part à se déconnecter. »
10. de rater une information.
11. faux. « mais au final, en laissant les portables de côté, on s'est rendu compte qu'on ne manquait pas grand-chose, estime paul… aucune notification ne s'est affichée. »

PRODUCTION ÉCRITE

(Suggestion) Sous la forme d'une lettre adressée aux voisins de l'immeuble.

Introduction : expliquer l'objet de la lettre et dans quel but (se rencontrer).

Développement : Argument avec exemples précis. Préciser les avantages (renforce la solidarité entre voisins/ faire connaissance dans la bonne humeur / évènement convivial).

Conclusion : Remerciement. Formule de politesse de la lettre.

PRODUCTION ORALE

Entretien dirigé
L'examinateur commence l'entretien avec une question et relance le candidat si besoin.

Exemples de questions :
- Pouvez-vous vous présenter, me parler de vous, de votre famille ?
- Quels sont vos loisirs ?
- En quoi consiste votre profession ?
- Qu'avez-vous fait pendant les dernières vacances ? Racontez-moi
- Quels sont vos projets pour le futur ?

EXERCICE EN INTERACTION

Sujet 1
(Suggestion)
Situation entre un employé et un client.
Le client téléphone et explique le problème. (Bagage pas encore arrivés).
L'employé essaye de le rassurer (de ne pas s'inquiéter/on fait le nécessaire).
Le client n'est pas satisfait de la réponse et explique son mécontentement (attention au ton employé) et exige une solution rapidement.
L'employé n'est pas en mesure de lui fournir une solution rapidement, il s'excuse.
Le client s'énerve et raccroche le téléphone.

Sujet 2
(Suggestion)
Situation entre deux amis.
Le candidat propose à son ami de voyager ensemble en lui donnant les détails (Bruxelles/une semaine / location sur un nouveau site internet).
L'ami est réticent à l'idée de louer sur ce nouveau site et explique pourquoi (site pas fiable / paiement non sécurisé).
Le candidat essaye de le convaincre (des amis ont déjà réservé / bons avis sur internet).
L'ami n'est pas convaincu et s'explique (piratage de carte bancaire…)
Le candidat essaye une dernière fois de le convaincre (paiement sécurisé / avec ma carte / une carte internet prépayée).
Les deux amis arrivent à un accord pour partir en voyage ensemble.

EXPRESSION D'UN POINT DE VUE

Document 1
(Suggestion)
Introduction : Présentation de l'article. (Qu'est-ce-que l'art ?)

Développement : Le candidat pourra parler de comment est perçu l'art dans son pays et de sa propre expérience. Il pourra donner d'autres exemples d'œuvres contemporaines dans le même style. Parler de l'argent que l'on peut dépenser pour ses œuvres (escroquerie ou art ?) se poser la question de savoir si une œuvre plus réaliste est plus méritante ? Aujourd'hui doit-on plus se concentrer sur la démarche artistique que sur l'objet lui-même ? L'art permet finalement de se poser des questions / l'art doit-il seulement être esthétique ?

Conclusion : Le candidat pourra donner son avis sur l'art de demain…

Document 2
(Suggestion)
Introduction : Présentation de l'article. (J'habite chez mes parents). Pourra parler du phénomène « Tanguy » ou de l'équivalent dans son pays. Il pourra mettre en avant les causes de ce phénomène (chômage, prix de l'immobilier…)

Développement : Parler de comment cela se passe dans son propre pays et comparer avec le document. Parler de son experience personnelle ou d'amis qui ont vécu cette situation. Mettre en avant les avantages et les inconvénients en nuançant ses propos. (vie plus facile / pas de cuisine ou de lessive / les frais sont moindres / se sentir moins seul/moins indépendant chez ses parents).

Conclusion : Donner son avis et parler des conséquences de ce phénomène à long terme ?

COMPRÉHENSION DE L'ORAL

Document 1

1. vu par hasard le tournage d'un film.
2. un acteur.
3. Malek a vu un autre acteur dans un autre quartier de la ville.
4. 10 films environ.
5. Des films de cinéma. Des séries télévisées. Des publicités. Des documentaires.
6. De jouer dans un film comme figurants.

Document 2

1. aux bactéries présentes dans les peaux de bête.
2. un médecin ottoman a soigné le roi français.
3. C'est un produit riche en protéines et en calcium.
4. Car ils ne font plus confiance aux produits industriels.
5. Des nouveaux goûts et des nouvelles textures.
6. parfois critiquées par les médecins.

Document 3

1. Psychanalyste.
2. de l'importance accordée aux cadeaux.
3. Elles ont peur d'offrir trop de cadeaux.
4. Elles ont peur de ne pas offrir assez de cadeaux.
5. Aux enfants.
6. Selon les souvenirs que le cadeau transmet.
7. Pour qu'ils fassent l'expérience du don en donnant du bonheur à l'autre.
8. L'échange avec les autres.

COMPRÉHENSION DES ÉCRITS

Exercice 1

1.

	PROPOSITION		
	1	2	3
possibilité de cuisiner	✓	✓	✓
balade à vélo	✓	✓	
balade à cheval	✓	✓	
descente de rivière		✓	
budget		✓	

2. Proposition 2

Exercice 2

1. D'une expérimentation.
2. Des équipements de mesure.
3. par un groupe de collégiens.
4. Faux. « Nous avons un groupe de gamins supermotivés depuis le début de l'année »
5. Faux. « Jean-Baptiste Renard est directeur de recherche au CNRS. »
6. Il vérifie que tout le matériel électronique fonctionne correctement.
7. Pour leur donner goût à la physique.
8. Faux. « De la nacelle, un bras doit se déployer automatiquement au bout de 21 minutes exactement. »
9. Faux. « un filtre captera les [...] pour de futures analyses prévues au CNRS de Montpellier [...]. »
10. reçoit des données.
11. le vol.

PRODUCTION ÉCRITE

(Suggestion)
Sous la forme d'une lettre adressée à la direction. Les élèves écrivent (utiliser le « nous »).

Introduction : Le candidat présentera l'état actuel du lycée (pas de lieu de vie pour les élèves). Demande d'ouverture d'un foyer.

Développement : Le candidat expliquera pourquoi ils font cette demande (activités, devoirs, journaux) et énoncera les avantages (lieu en autogestion, rencontrer les autres élèves, alternative pendant les heures de permanence).

Conclusion : Remerciement et attente d'une réponse (formule de politesse).

PRODUCTION ORALE

Entretien dirigé
L'examinateur commence l'entretien avec une question et relance le candidat si besoin.

Exemples de questions :
– Pouvez-vous vous présenter, me parler de vous, de votre famille ?
– Quels sont vos loisirs ?
– En quoi consiste votre profession ?
– Qu'avez-vous fait pendant les dernières vacances ? Racontez-moi.
– Quels sont vos projets pour le futur ?

EXERCICE EN INTERACTION

Sujet 1
(Suggestion)
Le candidat explique la situation à un des deux parents.
Le parent refuse catégoriquement en expliquant les mauvaises notes.
Le candidat insiste en expliquant qu'ils pourront travailler ensemble et qu'il s'engage à faire un emploi du temps de travail pendant leur séjour.
Le parent n'est pas d'accord et explique qu'il ne peut pas lui faire confiance.
Le candidat insiste encore en disant que ses parents seront là et qu'il peut les appeler pour être sûr qu'elle travaille.
Le parent cède finalement à la demande.
Le candidat montre sa joie et le remercie.
Les deux prennent congé.

Sujet 2
(Suggestion)
Situation entre un employé de cinéma et un client.
Le client demande un ticket avec la réduction étudiante.
L'employé vous demande un justificatif.
Le client le cherche mais ne le trouve pas.
L'employé explique qu'il ne peut pas appliquer le tarif étudiant sans justificatif.
Le client décide de payer le plein tarif mais il se rend compte qu'il n'a pas assez d'argent et l'explique à l'employé. Le client essaye de le convaincre de lui laisser payer le tarif étudiant (client fidèle, ramener la carte la prochaine fois).
L'employé reste sur sa décision.
Les deux prennent congé.

EXPRESSION D'UN POINT DE VUE

Document 1
(Suggestion)
Introduction : Présentation de l'article (fausses informations en ligne : les adolescents facilement trompés). Parler de l'accès à l'information aujourd'hui en comparant avec la situation d'avant.

Développement : Le candidat pourra parler de ses habitudes et des habitudes dans son pays. Mettre en avant les nouvelles technologies pour expliquer ce problème. Les jeunes ne s'informent que via les réseaux sociaux et autres. Difficile de démêler le vrai du faux. Proposer des solutions / comment faire (médias reconnus/ journalistes identifiés / vérifier l'information dans plusieurs journaux).

Conclusion : Donner son point de vue sur la question.

Document 2
(Suggestion)
Introduction : Parler des animaux domestiques en général et de leurs avantages (compagnie / réconfort)
Le candidat pourra parler de son expérience personnelle et ensuite présenter l'article (stop au trafic des animaux domestiques) en mettant en avant le fait que de plus en plus de personnes veulent des animaux interdits à la maison. Le candidat pourra parler des causes (nouveautés / montrer sa richesse).

Développement : Parler des conséquences de ces actes (dangereux / illégaux / peines de prison) et proposer des solutions (contrôle dans les animaleries / sanctions plus lourdes...)

Conclusion : Donner son point de vue sur la question.

COMPRÉHENSION DE L'ORAL

Document 1

1. d'un livre.
2. passionnante pour l'un, incohérente pour l'autre.
3. un scénario pour un film.
4. De ne pas être un chef-d'œuvre. De fournir des renseignements incohérents.
5. Ils viennent tous les deux du monde musical.
6. du cinéma.

Document 2

1. une émission de radio sur le savon de marseille.
2. la première personne à fabriquer du savon à Marseille.
3. Car on y trouve tous les ingrédients pour sa fabrication.
4. Pour assurer la qualité du savon.
5. sous plusieurs formes.
6. Écologique, Naturel, Biodégradable, Sans colorant et sans adjuvant de synthèse.

Document 3

1. sociologique.
2. Une étude de mesure des Français.
3. Responsable marketing.
4. grandi et grossi.
5. d'un salon de professionnels des vêtements.
6. On va adapter les tailles actuelles des vêtements.
7. Il va falloir tout réajuster (voitures, mobilier longueur des lits).
8. Le problème d'obésité.

COMPRÉHENSION DES ÉCRITS

Exercice 1

1.

	PROPOSITION			
	1	2	3	4
Angèle	✓		✓	✓
Samuel	✓		✓	
Dimitri	✓		✓	✓
Vincent	✓	✓		
Se termine avant 23 heures	✓	✓		

2. Proposition 1

Exercice 2

1. Proposer des films dans des villages reculés et mettre en place des programmes liés à l'environnement.
2. La France.
3. Parce que le vélo est utilisé pour produire de l'électricité.
4. Un membre de l'équipe. Un jeune sénégalais de 25 ans.
5. Parce que les gens préfèrent être isolés.
6. Des films qui présentent des actions réalisables dans les villages.
7. Parce qu'ils prennent en compte le contexte local.
8. Faux. « Après chaque projection de ce film, nous animions des petits ateliers pour aider les villageois. »
9. Vrai. « Notre moyen de transport a été quelque chose de très important dans le projet. D'abord, le vélo permet d'aller dans des zones inaccessibles en voiture. »
10. Faux. « Je reçois parfois des appels de villageois qui me demandent de revenir avec des films sur la santé ou sur comment mieux pêcher. »
11. Faux. « Vincent Hanrion, le fondateur du projet, compte de son côté faire développer le projet dans d'autres pays. »

PRODUCTION ÉCRITE

(Suggestion)

Introduction : parler de l'article publié dans le quotidien régional (construction d'un nouvel aéroport).

Développement : Le candidat pourra nuancer ses propos en mentionnant les avantages (emploi dans la région, atout attractif pour la région) et les inconvénients (nuisances sonores, impact sur la nature).

Conclusion : Le candidat pourra évoquer l'importance de l'avis des résidents aux alentours.

PRODUCTION ORALE

Entretien dirigé

L'examinateur commence l'entretien avec une question et relance le candidat si besoin.

Exemples de questions :

– Pouvez-vous vous présenter, me parler de vous, de votre famille ?
– Quels sont vos loisirs ?
– En quoi consiste votre profession ?
– Qu'avez-vous fait pendant les dernières vacances ? Racontez-moi.
– Quels sont vos projets pour le futur ?

EXERCICE EN INTERACTION

Sujet 1
(Suggestion)
Situation entre deux amis.
Le candidat montre son téléphone à un ami en expliquant qu'il vient de l'acheter.
L'ami est perplexe et explique qu'il a le même téléphone depuis des années et qu'il ne voit pas l'intérêt d'en acheter un nouveau. Il critique ce nouvel achat.
Le candidat explique son achat et essaye de le convaincre d'en acheter un nouveau (nombreuses fonctionnalités, photos, vidéos, internet).
L'ami n'est pas convaincu et explique pourquoi (addiction, dépendance, prix...).
Le candidat essaie à nouveau de le convaincre (savoir se mettre des limites, utile en cas d'accident...).
L'ami n'est toujours pas convaincu mais le remercie.
Les deux prennent congé.

Sujet 2
(Suggestion)
Situation entre deux collègues de travail.
Le candidat explique la situation et invite son nouveau collègue (restaurant indien / discothèque salsa).
Le collègue refuse en expliquant pourquoi (n'aime pas danse / ne connaît pas la nourriture indienne).
Le candidat essaie de le convaincre (se connaître mieux, tester une nouvelle cuisine, s'amuser).
Le collègue n'est pas totalement convaincu mais dit qu'il y réfléchira.
Le candidat lui demande de l'appeler dans la journée pour lui donner sa réponse.
Les deux prennent congé.

EXPRESSION D'UN POINT DE VUE

Document 1
(Suggestion)
Introduction : Présentation de l'article (droit à l'image). Explication (qu'est-ce-que le droit à l'image ?) Les sanctions possibles et mise en avant du développement des réseaux sociaux et des milliers de photos qui sont véhiculées chaque jour (le droit à l'image doit-il être modifié ?)

Développement : Le candidat pourra parler des risques de la diffusion d'image personnelles (vie privée dévoilée). Donner des exemples précis/mais tout en nuançant ses propos sur le fait que si les jeunes sont inscrits sur les réseaux sociaux d'une certaine manière ils acceptent de se dévoiler au public.

Conclusion : Donner son point de vue sur la question.

Document 2
(Suggestion)
Introduction : Présentation de l'article (partir pour un avenir meilleur). Le candidat pourra parler de la situation dans son pays.

Développement : Le candidat pourra parler de sa situation personnelle. Citez les avantages de partir en donnant des exemples précis (nouvelles langues/ nouvelles cultures / meilleurs salaires / postes à responsabilité / sortir de sa zone de confort...). Donnez les inconvénients (fuite des cerveaux...)

Conclusion : Donner son point de vue sur la question.

COMPRÉHENSION DE L'ORAL

Document 1
1. Pour une aide dans son choix d'orientation.
2. qu'elle ne savait pas quel métier faire.
3. Faire des documents pour des supermarchés.
4. On peut trouver du travail dans différents types d'entreprises.
5. Car c'est difficile d'intégrer ce genre d'école.
6. De l'aider à choisir ses dessins.

Document 2
1. Un livre sur l'utilisation du téléphone portable.
2. L'équivalent du journal intime d'autrefois.
3. Pour communiquer avec différentes applications.
4. Car ce n'est plus à la mode.
5. les autres élèves.
6. D'écrire des histoires et de les partager avec les autres élèves.

Document 3
1. a écrit un livre sur les adolescents.
2. Car il avait décidé d'arrêter le lycée et de partir aux États-Unis.
3. Visiter.
4. Il pensera que ses parents ne lui laissent aucune liberté et qu'il doit toujours leur obéir.
5. Il ne parlait pas bien la langue du pays (l'anglais).
6. Moins d'un mois.
7. Car il a rencontré des personnes charmantes qui l'ont embauché pour une petite période.
8. une expérience intéressante.

COMPRÉHENSION DES ÉCRITS

Exercice 1
1.

	PROPOSITION			
	1	2	3	4
Aventure	✓	✓	✓	
Personnage adolescent	✓	✓		✓
Trésor		✓	✓	
Science-fiction		✓	✓	✓
Histoire d'amour				✓

2. Résumé 2

Exercice 2
1. Elle aide les jeunes à choisir une formation.
2. C'est le moment où les jeunes doivent choisir leur orientation professionnelle.
3. Ce qu'ils aiment et ce qu'ils sont capables de faire.
4. Certaines personnes qu'elle a rencontrées et qui ont su déceler son potentiel.
5. Une boussole.
6. Vrai. « Ils repartent avec des pistes très concrètes, en se connaissant mieux, et en ayant repris confiance en eux. »
7. Elle veut créer un réseau d'agences dans toute la France.
8. Faux. « Neuf franchisés ont déjà été formés depuis six mois. »
9. Une personne qui a ouvert une agence de conseil.
10. Faux. « Après l'avoir expérimentée auprès de quelque 200 jeunes. »
11. Vrai. « Mon rôle est de leur redonner un but. Et ça fonctionne. »

PRODUCTION ÉCRITE

(Suggestion)

Introduction : Le monde tel qu'il est vu aujourd'hui (réchauffement climatique / manque d'eau et de nourriture / pollution / violence…)

Développement : Le candidat pourra parler de différents domaines (alimentation, transport, technologie, santé) avec des exemples précis en précisant les causes positives ou négatives.

Conclusion : Donner son point de vue sur la question (effort mondial pour sauver la planète ?)

PRODUCTION ORALE

Entretien dirigé

L'examinateur commence l'entretien avec une question et relance le candidat si besoin.

Exemples de questions :
- Pouvez-vous vous présenter, me parler de vous, de votre famille ?
- Quels sont vos loisirs ?
- En quoi consiste votre profession ?
- Qu'avez-vous fait pendant les dernières vacances ? Racontez-moi.
- Quels sont vos projets pour le futur ?

EXERCICE EN INTERACTION

Sujet 1
(Suggestion)
Situation entre deux amis.
Le candidat propose à un ami d'aller à un concert avec lui.
L'ami refuse et explique pourquoi.
Le candidat essaie de le convaincre (c'est votre groupe préféré, ils ne repasseront pas avant des années, la dernière fois je t'ai accompagné au match).
Ils arrivent finalement à un accord et ils se donnent rendez-vous pour le concert.
Les deux prennent congé.

Sujet 2
(Suggestion)
Situation entre deux amis.
Le candidat invite un ami à aller au zoo et lui explique pourquoi.
L'ami refuse en s'expliquant (phobie des animaux, n'aime pas voir les animaux en cage, c'est ennuyeux…)
Le candidat essaie de le convaincre (lieu sécurisé, plein d'activités, animaux en semi-liberté, génial pour les enfants).
L'ami accepte.
Ils se donnent rendez-vous et prennent congé.

EXPRESSION D'UN POINT DE VUE

Document 1
(Suggestion)
Introduction : Présentation de l'article (presse numérique).

Développement : Parler des habitudes des jeunes dans son pays et de sa situation personnelle. Comment les nouvelles technologies ont modifié l'accès à l'information. Passage du papier au numérique. Habitude des jeunes de s'informer gratuitement. Solutions pour motiver les jeunes à payer à l'heure où tout se trouve gratuitement sur internet contrairement à avant (proposer un contenu rare / un prix décent / choix entre abonnement et achat à l'unité).

Conclusion : Donner son avis sur la question.

Document 2
(Suggestion)
Introduction : Présentation de l'article (uniforme et personnalité). Le candidat pourra parler de la situation de l'uniforme dans son propre pays.

Développement : Les pour et les contres de l'uniforme à l'école. Pour : pas de distinctions sociales/rassure les parents qui ont un petit budget/permet d'affirmer sa personnalité d'une autre manière. Contre : l'égalité d'apparence ne résout pas les inégalités sociales/permet d'affirmer sa personnalité et de se démarquer.

Conclusion : Donner son avis sur la question.

Transcriptions

UNITÉ 1

Piste 1

Document sonore A

Présentatrice : Et aujourd'hui Marc Lemoine, avec sa chronique culturelle, qui va nous parler de ... Marc ?
Marc : Eh bien, aujourd'hui, je vais vous parler du spectacle qui a eu lieu au stade de France du 17 au 19 décembre. C'est *Le Voyage au centre de la Terre* adapté du célèbre roman de Jules Verne, avec un budget de deux millions et demi d'euros. On a vu grand au stade de France ! Un peu trop, apparemment ! Car le public n'a pas été au rendez-vous. On se demande bien pourquoi avec toute la publicité qu'on en a fait dans les médias... En fait, c'est surtout à cause du prix des places, qui est jugé peu accessible par le grand public. On parle tout de même de 45 à 75 euros par personne. Comme il s'agit d'un spectacle familial, si on fait le calcul, on arrive vite à une somme importante. En période de Noël, ça peut représenter un gros trou dans le budget familial.
Bref, malgré le prix et les mauvaises conditions météorologiques, les quatre représentations ont tout de même accueilli un total de 92 000 spectateurs.
Ça semble énorme mais les organisateurs attendaient beaucoup plus de monde.
Le public n'a pas du tout apprécié le spectacle, qui s'est terminé sous les huées accompagnées de commentaires peu enthousiastes : "nul, spectacle creux et incohérent, scandaleux", sont les mots des spectateurs qui demandent le remboursement de leurs places.
D'ailleurs, il y a tellement de demandes de remboursement que les responsables du Stade de France Productions ont annoncé une compensation aux spectateurs mécontents. Pas un remboursement, mais sûrement une invitation à un autre événement. Cet échec donne à réfléchir sur l'utilisation des grands espaces comme le stade de France pour des événements autres que sportifs. On regrette surtout que le voyage que nous proposait Jules Verne dans son roman se soit transformé en échec total sur scène.
Présentatrice : Eh bien, merci Marc Lemoine pour cette chronique. On se retrouve dans quelques instants.

Piste 2

Entraînement

Bonjour à tous, ici Marie Belpain pour l'actualité culturelle de Mauléon-Plage.
La maire de notre ville a assisté hier à la présentation du projet de pôle théâtral et de conférences. Une promenade en trois dimensions projetée sur écran géant a permis aux élus municipaux de voir l'édifice culturel avant même le début de sa construction. L'objectif, comme l'a expliqué l'architecte responsable du projet, n'est pas de construire un théâtre, mais de concevoir un espace de création et de diffusion des arts, modulable et interactif. Les participants à cette réunion ont accueilli le projet avec enthousiasme. Les travaux devraient donc commencer en septembre 2018, et l'inauguration du pôle théâtral est prévue fin 2020.

Piste 3

Exercice 1

Actualité culturelle : un nouveau moteur de recherche met en place une offre qui devrait séduire de nombreux utilisateurs : la numérisation de livres français. Ce service, qui existe déjà aux États-Unis, propose une bibliothèque numérique. Depuis quelques mois, les éditeurs peuvent accéder à un site pour obtenir toutes les informations sur le fonctionnement du système et conclure un accord pour proposer leurs ouvrages à numériser. Les utilisateurs d'Internet peuvent déjà disposer de la liste des livres qui seront disponibles sur le site. Mais il faudra attendre encore quelques mois pour lire l'œuvre complète. La lecture sur Internet est désormais possible et ce sera très utile pour les étudiants qui font des recherches. Mais soyons sérieux, rien ne remplacera jamais le livre. Un écran ne peut rien contre le plaisir de lire *Robinson Crusoé* sur la plage ou *Belle du seigneur* devant un feu de cheminée.

Piste 4

Exercice 2

À l'occasion de la réouverture du musée parisien Jean-Jacques Henner, le public a pu découvrir ou redécouvrir les espaces du rez-de-chaussée, à savoir un jardin d'hiver et un salon néo-Renaissance, qui étaient fermés depuis une quinzaine d'années, et qui accueilleront désormais une programmation riche et éclectique (lectures, concerts, rencontres, conférences et expositions temporaires). L'accrochage, dans le goût du XIXe siècle, propose une approche renouvelée de l'œuvre de Jean-Jacques Henner. Il s'articule autour de deux grands thèmes : la carrière d'un artiste officiel au XIXe siècle retraçant l'itinéraire de Henner, au premier étage ; et l'atelier du peintre, au troisième étage, qui permet de mieux comprendre comment travaillait Henner grâce aux esquisses, œuvres qui n'ont pas été terminées, meubles et plâtres de l'atelier.

Piste 5

Entraînement

Je m'appelle Akiko, je viens du Japon. Je suis étudiante à l'Université Hosei à Tokyo où j'étudie les sciences politiques. Après mes études, je souhaiterais pouvoir travailler dans un consulat ou au service culturel d'une ambassade. Alors, évidemment les langues étrangères sont un plus… J'aime la culture française, et la gastronomie bien sûr ! Je vais souvent au cinéma, au concert, j'aime voir mes amis le week-end. J'apprends le violon depuis deux ans, c'est difficile, mais j'adore ça !

UNITÉ 2

Piste 6

Document sonore A

Recruteuse : Bonjour.
Candidat : Bonjour.
Recruteuse : Bon. Nous allons maintenant faire un entretien rapide, puis nous nous reverrons si nous avons une offre, pour parler plus longuement.
Candidat : Entendu.
Recruteuse : Alors… Vous êtes Monsieur Hamidi ?
Candidat : Oui, effectivement.
Recruteuse : J'ai votre CV, mais j'aurais besoin de davantage de détails pour savoir à quel type de poste vous aspirez. Tout d'abord, dans quel secteur souhaitez-vous travailler ?
Candidat : Bon, je n'ai pas de secteur préféré, peut-être la construction ou l'automobile… Vraiment, non, je n'ai pas de souhait particulier.
Recruteuse : Et comme poste ?
Candidat : Un poste de cadre moyen.
Recruteuse : Si vous êtes engagé en intérim pour commencer, seriez-vous prêt par la suite à travailler en contrat à durée déterminée ?
Candidat : En CDD ? Euh, oui… mais je préférerais un CDI. En revanche, j'aimerais savoir comment nous sommes assurés.
Recruteuse : Oui, naturellement. Vous cotisez à la sécurité sociale, au chômage et à la retraite. Et en plus, nous travaillons avec une mutuelle complémentaire.
Candidat : Ah ! Très bien.
Recruteuse : À propos de mutuelle, avez-vous déjà eu des maladies graves ou souffrez-vous d'un handicap ?
Candidat : Euh… je suis daltonien… mais très légèrement. Je ne confonds que le gris et le rose.
Recruteuse : Bien. Et quelles sont vos prétentions de salaire ?
Candidat : Voyons, euh… entre 30 et 40 000 euros par an.
Recruteuse : Hum. Bon… ça nous donne de la marge.
Candidat : Si nous n'arrivons pas à ce chiffre, pourrais-je obtenir une compensation par des avantages en nature, comme une voiture ou des tickets restaurant ?
Recruteuse : Ça dépendra de l'entreprise pour laquelle vous travaillerez. Mais effectivement, c'est souvent négociable. Un détail, êtes-vous prêt à voyager ?
Candidat : Oui. J'ai mon permis de conduire et une voiture, si nécessaire.
Recruteuse : Et à travailler à l'extérieur ? Parce que dans le bâtiment…
Candidat : Oui, bien sûr. J'adore travailler à l'air libre. Mais j'aime aussi travailler dans un bureau.
Recruteuse : Et en usine, pas de problème, je pense ?
Candidat : Pourquoi pas… ?
Recruteuse : Très bien. Vous êtes disponible immédiatement, je suppose ?
Candidat : Oui. Je suis au chômage et je dois reconnaître que j'ai vraiment envie de me remettre au travail.
Recruteuse : Très bien. Merci. J'espère que nous vous compterons d'ici peu parmi nos employés.
Candidat : Merci et au revoir.
Recruteuse : Au revoir.

Piste 7

Document sonore B

Présentatrice : Les séjours linguistiques ne sont décidément plus ce qu'ils étaient. C'est en tout cas ce que disent les jeunes aujourd'hui. Effectivement, avant, les élèves partaient avec leur école pour un petit voyage en groupe. Ils résidaient dans une famille, goûtaient un peu la cuisine locale et rentraient ensuite chez eux pour ne plus jamais y retourner. Au moins, ils en savaient plus que leurs parents, qui n'étaient pour la plupart jamais sortis de chez eux. Eh bien aujourd'hui, c'est différent, car de plus en plus de jeunes vont vivre une année entière dans un pays de leur choix, la plupart en Espagne, pratique pour la proximité, et attrayante pour la langue, bien sûr. Donc, après la vague des étudiants Erasmus qui vont poursuivre leurs études de l'autre côté des Pyrénées, c'est maintenant au tour des lycéens d'aller faire une partie de leurs études chez nos amis espagnols. C'est en tout cas l'initiative originale d'un lycée de banlieue parisienne qui avait mis en place depuis de nombreuses années un échange linguistique avec un lycée de la banlieue de Madrid. Devant le succès rencontré, le lycée a décidé de donner la possibilité à des élèves de première de partir étudier une année en Espagne, l'année du bac étant réservée aux programmes surchargés de l'examen. C'est la deuxième année que ce séjour est proposé et les candidats sont nombreux. En échange, un petit groupe d'élèves espagnols est venu

passer une année en France. Écoutez le témoignage d'Antonio au micro d'Aurélie Chéné.
Antonio : C'est une bonne occasion pour moi, je peux parler français tous les jours. Au début, c'était difficile, mais maintenant ça va. Les autres nous aident pour les choses qu'on ne comprend pas, et on les aide avec l'espagnol. C'est sympa.
Journaliste : Une initiative qui s'étendra probablement à d'autres lycées de la région, à en juger par le bilan que dresse le proviseur du lycée.
Proviseur : Nos lycéens sont revenus avec un bagage linguistique beaucoup plus élevé que ce que l'on pourrait espérer d'un élève de première. Mais, au-delà du bagage linguistique, je dirais que ce qui compte le plus, c'est le bagage culturel. Ces futurs adultes ont une autre ouverture d'esprit et ils sont mieux préparés aux échanges et à l'expérience universitaire.
Journaliste : Une expérience concluante qui, on peut le parier, est loin d'être terminée.

Piste 8

Entraînement

Journaliste : Bonjour. Je suis actuellement à l'école primaire Simone-Veil en banlieue parisienne avec Lucille Molergue. Bonjour Lucille.
Institutrice : Bonjour.
Journaliste : Vous êtes donc institutrice dans une école primaire de la banlieue parisienne. Pouvez-vous nous expliquer ce qui fait votre particularité ?
Institutrice : Je travaille avec tous les élèves de l'école, je n'ai pas de classe attitrée. Chaque jour, les instituteurs me confient des élèves, souvent des cas difficiles ou des enfants en échec scolaire. Je peux donc commencer une journée par un atelier d'écriture avec des élèves d'une classe de CM1 et finir la journée avec du soutien à la lecture pour ceux du CE2.
Journaliste : Comment êtes-vous arrivée dans cette école ?
Institutrice : J'ai d'abord enseigné dans une classe ordinaire pendant deux ans. Les enfants étaient turbulents et j'ai beaucoup étudié sur le sujet de la discipline, qui va souvent de pair avec les mauvais résultats. Je me suis intéressée aux élèves en difficultés et aux moyens d'y remédier. Alors, dès qu'un poste d'enseignant sans classe fixe s'est libéré, j'ai sauté sur l'occasion, car ce n'est pas si fréquent.
Journaliste : Quels sont les points positifs et négatifs de votre métier ?
Institutrice : J'apprends beaucoup avec les enfants, tous les jours. Je monte des projets de A à Z. Le seul problème, c'est quand je suis absente. Il n'y a personne pour me remplacer.
Journaliste : Merci Lucille et bonne continuation.

Piste 9

Exercice 1

Journaliste : Bienvenue à l'émission *Les Globe-trotteurs* consacrée à des jeunes qui s'expatrient et s'installent à l'étranger, quel que soit leur secteur d'activité. Cette semaine, nous vous présenterons l'expérience de Dominique Thibaut. Jeune diplômée de l'ESSEC, école de commerce très réputée, elle nous livre les secrets de son succès. Dominique, vous avez percé sur le marché de la décoration d'intérieur aux Émirats Arabes Unis et vous êtes devenue une référence dans le domaine. Les princesses se battent pour avoir vos conseils en matière de décoration. Racontez à nos auditeurs comment vous en êtes arrivée là.
Dominique Thibaut : Complètement par hasard. L'entreprise pour laquelle je travaillais m'a proposé un voyage d'affaires. Quand je suis arrivée aux Émirats, j'ai parlé avec les partenaires locaux et je me suis rendu compte que la décoration française avait beaucoup de succès. J'ai donc décidé de créer ma propre boîte, qui propose des pièces uniques pour décorer les palais.
Journaliste : Et avez-vous des conseils à donner aux gens qui nous écoutent et qui souhaiteraient partir travailler à l'étranger ?
Dominique Thibaut : Pour travailler à l'étranger, il faut être à l'écoute de l'autre pour s'adapter à sa culture, ce qui demande beaucoup d'énergie, d'humilité et de patience.
Journaliste : Merci beaucoup Dominique Thibaut.

Piste 10

Entraînement

Philippe : Allô ! Nao !
Nao : Salut Philippe ! Ça va ?
Philippe : Oui. Et toi ?
Nao : Oui, ça va...
Philippe : Dis donc, qu'est-ce qui s'est passé hier ?
Nao : Oui... Désolée, Philippe, je sais que nous avions rendez-vous, mais ma voiture elle est tombée en panne.
Philippe : Encore !
Nao : Oui ! À nouveau ! Tu sais, j'étais en train d'arriver place de la Victoire et la voiture est tombée en panne, elle s'est arrêtée, juste au milieu. J'ai eu peur !
Philippe : Et pourquoi tu ne m'as pas appelé ?
Nao : Ah, tu sais, avec tout le stress que j'ai eu... j'ai oublié de t'appeler et quand j'y ai pensé, évidemment je n'ai pas trouvé mon téléphone...
Philippe : Mais... tu sais que j'ai attendu pendant deux heures ?
Nao : Oh la la ! C'est pas vrai ! En fait j'avais oublié mon portable, à la maison. Tu sais... il y a des jours où tout va mal.

Philippe : Oui, je sais. Mais c'est la deuxième fois que tu fais ça !
Nao : Bon écoute, alors dans ce cas, on va faire une chose. Je t'invite samedi soir au cinéma. Qu'est-ce que tu dis ?
Philippe : Samedi soir ! Bon... d'accord. Mais, qu'est-ce qu'on va faire ?
Nao : Bon, je sais pas. On peut aller voir un film. Qu'est-ce que tu préfères ? Une comédie ou un drame ?
Philippe : Écoute... je pense qu'on pourrait aller voir une comédie. Ce serait sympa.
Nao : Ah, mais oui ! Alors je te laisse choisir tout : la salle, le film, l'heure... On se donne rendez-vous à quelle heure ?
Philippe : Alors, moi je te propose de venir me chercher à la maison.
Nao : D'accord. Alors, je viens vers... 8 heures ?
Philippe : Vers 8 heures ? Ah non ! Un peu plus tôt !
Nao : D'accord. Alors 7 heures et demie ?
Philippe : D'accord, à 7 heures et demie je t'attendrai en bas.
Nao : Parfait ! À samedi alors.
Philippe : Allez, à samedi !

UNITÉ 3

Piste 11

Document sonore A

Valérie Legeay : Bien-être et santé – Valérie Legeay
Bonjour à tous. Nous le savons tous, la clé pour rester en bonne santé, c'est de se nourrir de façon équilibrée et d'avoir une activité physique. Pas facile à faire au quotidien ! Heureusement, il existe des astuces pour prendre soin de sa santé, et ce sont justement ces astuces et ces conseils dont nous allons parler aujourd'hui avec mon invité, le docteur Driss Émara, cardiologue et nutritionniste à Lille. Il vient de publier *La Santé sans peine*, avec un sous-titre « Comprendre son corps et le respecter ».
(deux secondes d'intermède musical)
Valérie Legeay : Docteur Driss Émara, bonjour.
Driss Émara : Bonjour.
Valérie Legeay : Je voudrais tout d'abord que vous nous expliquiez ce sous-titre que vous mettez à votre livre « Comprendre son corps et le respecter ».
Driss Émara : Oui, vous savez, il existe chez l'être humain des moyens d'auto-guérison extrêmement puissants. Ces moyens, il suffit de les connaître et de les utiliser pour se protéger contre de nombreuses maladies et pour guérir. En fait, on connaît mal notre corps, mais on a tout en nous pour être en parfaite santé, pour éviter de prendre des médicaments. Vous savez, parfois on est malade, on prend des médicaments, on en prend trop et on finit par être malade des médicaments ! Alors que, si on connaît son corps, on peut l'utiliser comme il faut pour se battre contre des maladies.
Valérie Legeay : Et pour respecter son corps, vous parlez de beaucoup de choses : vous parlez d'alimentation, vous parlez d'activités physiques, d'hygiène, vous parlez aussi de notre cerveau. On va voir tout ça. On va commencer par les questions d'alimentation. Pourquoi est-il si important de bien manger et de faire attention à son poids ?
Driss Émara : Le poids, c'est essentiel. Et de plus en plus, on rencontre des problèmes de surpoids et pas seulement chez les adultes. Attention, je ne parle pas de quelques kilos en trop, ça ce n'est pas grave ! Je parle de véritable problème de surpoids, qui favorise l'apparition de maladies respiratoires ou cardiovasculaires... Donc en fait, c'est votre vie qui est en jeu quand le poids augmente. Il y a des personnes disent « oui, mais j'ai des gros os, j'ai un squelette lourd ». Mais pas du tout ! Entre le squelette d'un sportif et d'une jeune fille, il y a au maximum deux kilos d'écart !
Valérie Legeay : C'est effectivement une différence minime. Nous reviendrons sur le sujet après une pause musicale.

Piste 12

Document sonore B

Vous rêvez de tropiques, de dépaysement, d'autres cultures et d'autres langues ? Vous souhaitez partir vers des terres lointaines, découvrir des sentiers et des populations encore inconnues ? Mais vous voulez aussi aider les autres, profiter de vos vacances pour contribuer au bien-être de ceux qui en ont besoin. Alors, choisissez de voyager avec les associations de tourisme de l'UNAT. Nous vous proposons un tourisme vraiment différent, un tourisme qui met l'homme et la rencontre au centre du voyage et qui s'inscrit dans une logique de développement des territoires. Le tourisme solidaire fait participer les populations locales aux différentes phases du projet touristique, il accorde de l'importance au respect de la personne, aux cultures et à la nature, et il redistribue de manière plus équitable les bénéfices de l'activité touristique.
Vous aurez la possibilité de vous rendre dans plus de 60 pays qui ont chacun leurs traditions et leur manière de voir le monde. Pendant votre séjour, vous vivrez chez l'habitant dans leur quartier. Vous partagerez leur vie quotidienne et leur nourriture. Vous participerez ainsi au développement local et au financement de projets locaux qui répondent à l'intérêt collectif. Soucieux de l'environnement, l'UNAT prend en compte

le contexte écologique et les ressources locales pour l'approvisionnement en énergie, en eau et en nourriture. Chaque année, ce sont plus de quatre millions de personnes qui partent en vacances avec l'UNAT : des enfants, des jeunes, des familles, des personnes âgées, des personnes en situation de handicap.
N'attendez plus et renseignez-vous sur nos formules de voyage au 01 42 55 11 11 ou visitez notre site Web unat.asso.fr. Parce que voyager avec et pour les autres, c'est possible.
Unat, le voyage vers l'autre.

Piste 13

Entraînement

Votre supermarché *Cuisines du monde* vous annonce qu'une promotion a lieu en ce moment au rayon frais, au fond du magasin sur la droite. Pour fêter l'arrivée du printemps, Cuisines du monde vous invite à manger des fruits ! Une hôtesse vous attend pour vous faire déguster tous les fruits de saison et des fruits exotiques. Goûtez aux mangues venues d'Équateur, aux bananes du Sénégal et aux ananas de la Martinique. Notre hôtesse vous remettra gratuitement un livret de recettes pour accommoder tous ces fruits en délicieux desserts. Vous pourrez également participer à notre grand jeu concours, organisé avec notre partenaire, l'agence Voyage des îles. N'attendez plus !

Piste 14

Entraînement

Bonjour et bienvenue sur le répondeur de l'agence Voyage des îles. Grâce au numéro vert mis à votre disposition, cette communication est gratuite. Pour connaître nos dernières offres exceptionnelles et réserver votre voyage, tapez 1. Pour modifier ou annuler une réservation, tapez 2. Pour toute autre information sur nos services, tapez 3. Pour être mis en relation avec un de nos agents, veuillez patienter, un opérateur va prendre votre appel.

Piste 15

Exercice 1

Mesdames et Messieurs, bonjour. La Société des Métros de Lyon vous informe que demain, mardi 4 mars, le trafic des lignes sera perturbé en raison d'un mouvement social des conducteurs. Un service minimum est néanmoins maintenu avec le passage d'un métro sur cinq. Nous vous informons que les bus fonctionneront normalement. Veuillez prendre vos disponibilités pour la journée de demain entre 10 heures et 17 heures afin d'éviter l'attente sur les quais. Nous vous prions de nous excuser pour ce désagrément et nous vous remercions de votre compréhension.

Piste 16

Entraînement

Vendeur : Bonjour. Que puis-je pour vous ?
Maria Carmen : Bonjour Monsieur. Vous voyez, on m'a offert ce disque dur externe pour mon anniversaire, et malheureusement il ne fonctionne pas.
Vendeur : Comment ça ?
Maria Carmen : Bon, j'ai essayé de le brancher à mon ordinateur, mais ça ne marche pas. J'ai pensé d'abord… je me suis dit, tiens, c'est peut-être mon ordinateur qui ne le reconnaît pas. Mais j'ai essayé chez une amie, puis au travail, mais, non ça ne marche toujours pas.
Vendeur : Et vous ne l'avez pas fait tomber ou vous ne l'avez pas laissé dehors ?
Maria Carmen : Non, pas du tout. J'sais pas, mais je suis très déçue.
Vendeur : Bien… Écoutez, si vous voulez, on va pouvoir vous le changer.
Maria Carmen : Ah, c'est génial !
Vendeur : Bien sûr. Donnez-moi le ticket !
Maria Carmen : Ah ! Désolée ! Vous voyez, c'est… c'était un cadeau, alors mes amis ils m'ont offert le disque dur, mais ils m'ont pas donné le ticket. Comment on fait ? Vous pouvez… vous pouvez pas me le changer également ?
Vendeur : Écoutez, madame, je suis désolé, mais ce sont les normes de la maison. Si vous n'avez pas le ticket, nous ne pouvons pas vous le changer.
Maria Carmen : Mais moi j'ai le papier de chez vous. Il y a même le code barres… peut-être que vous pourriez identifier le produit, voir que c'est vous qui l'avez vendu. Vous pouvez pas faire ça ?
Vendeur : Oui, bien sûr, je… je vous comprends. Mais vous savez, sans le ticket, on ne peut pas changer le disque dur. C'est pour vous et pour tout le monde comme ça.
Maria Carmen : D'accord, je comprends. Mais vous savez, moi j'habite à 50 kilomètres d'ici. Je peux rentrer chez moi, revenir après, mais en tout, ça fait 100 kilomètres pour un ticket ! En plus, mes amis, je ne sais pas s'ils sont là. Il y en a un qui est parti en voyage et bon… je sais pas si c'est lui qui a le ticket. De toute façon, je vais essayer.
Vendeur : D'accord. Parce que sinon, je suis désolé, mais on ne pourra rien faire pour vous.
Maria Carmen : D'accord. En tout cas, dites-moi, j'ai

combien de jours pour changer le disque dur?
Vendeur: Écoutez, vous avez 15 jours après la date d'achat.
Maria Carmen : D'accord. Bon, on fera comme ça.
Vendeur: Très bien. Merci. Au revoir madame.
Maria Carmen : Au revoir monsieur.

UNITÉ 4

Piste 17

Document sonore A

Animateur: Bonjour Émilie, vous êtes l'une des responsables de l'association Résistance et Solidarité. Merci d'être venue à Radio Campus.
Émilie: Merci à vous.
Animateur: Eh bien, pourriez-vous nous résumer un peu votre action, avant de parler du concert que vous avez organisé à Marseille?
Émilie: Alors, l'association vient de fêter ses 20 ans. Il faut savoir qu'elle ne sert pas seulement à donner à manger aux plus pauvres, mais elle permet aussi de régler des problèmes administratifs, médicaux, juridiques ou autres. Nous pouvons aussi aider les gens à chercher un logement ou même leur permettre de se domicilier à l'association quand ils n'ont pas d'adresse fixe.
Animateur: Très bien! Et donc, pour financer vos actions, vous organisez chaque année au printemps un immense concert qui rassemble plusieurs artistes à Marseille. Le concert de cette année a eu un sacré succès! Alors, contente?
Émilie: Oui! On a vécu de beaux moments avec une belle énergie. Le public était au rendez-vous.
Animateur: Oui... et puis du grand spectacle!
Émilie: Oui, avec Alex Beaupain, Oxmo Puccino, The Do et l'humoriste Nicole Ferroni qui nous a fait des sketchs géniaux... C'est vrai. Du grand spectacle!
Animateur: Et aussi la mise en scène! À ce propos, pourriez-vous décrire tout cela pour nos auditeurs qui n'ont pas pu y aller?
Émilie: Bien sûr. Alors, tout d'abord, la scène était longue et étroite, et au bout on avait recomposé un village méditerranéen, avec ses maisons, ses rues, ses balcons, ses terrasses... Au début du spectacle, on a bien sûr fait un petit rappel de l'histoire de l'association. Et puis, juste après, les chanteurs sont entrés en scène chacun leur tour avec un masque sur le visage. Il fallait chercher qui est qui... Lorsque les gens ont commencé à reconnaître les voix de chacun, les artistes ont quitté leurs masques.
Animateur: Et puis cette année, il y a eu beaucoup plus de chansons en groupe. Des duos, des trios, certaines personnes du public ont même été invitées à monter sur scène pour chanter...
Émilie: Oui, on a voulu un peu plus de convivialité... l'impression que tous formaient une solide équipe. De chanson en chanson, avec la scène au milieu des spectateurs, on avait vraiment l'impression de participer à la fête.
Animateur: Car c'était une fête!
Émilie: Oui, même si l'intention première est de récolter de l'argent pour lutter contre les inégalités, ne l'oublions pas!
Animateur: Merci beaucoup Émilie.

Piste 18

Document sonore B

Présentatrice femme: Bonjour à tous. Ici Victoria Moreno, en direct avec vous chers auditeurs. Aujourd'hui, j'ai rencontré trois personnes à qui j'ai demandé: « Quel est votre petit plaisir dans la vie ? » Écoutez leur réponse...

Alors moi, mon petit plaisir de la journée, c'est le matin, quand je me lève... Il fait pas chaud, je suis encore un peu endormi et je prépare le café et ... quand le café est prêt, c'est déjà un vrai plaisir de sentir l'odeur du café dans la maison. Et puis ensuite, ben c'est le boire quand il est très chaud et fumant, quand il n'y a pas de bruit autour. Ça, c'est un de mes petits plaisirs de la journée. Enfin, y en a d'autres, hein! Euh... j'sais pas moi, par exemple lire le journal dans le métro... mais disons que le café bien chaud et bien fort du matin, c'est un petit plaisir personnel qui compte.

Ouh, c'est pas une question facile, ça! Alors, les petits plaisirs de la vie... ben, y en a beaucoup. Heureusement d'ailleurs, sinon la vie ne serait pas très gaie! Alors, pour moi, un petit plaisir qui compte, c'est de prendre une journée pour moi toute seule, sans personne et de faire ce que j'ai envie de faire, un ciné, une expo ou faire les magasins, pas des choses extraordinaires, mais bon... Surtout, ce qui fait le charme de la journée, c'est le fait que ce soit pas prévu.

Ben, c'est faire la fête avec les copains, bien sûr. Je veux dire, quand on se retrouve pour boire un pot ou pour se faire un resto... C'est sympa, on discute, on est ensemble. Avec mes copains, on finit toujours par parler philosophie ou politique. Mais bon, on rigole bien aussi! Je crois que c'est vraiment important, en tout cas pour moi, c'est essentiel de voir mes amis, de partager un moment avec eux.

Piste 19

Entraînement

Journaliste : Bonjour et bienvenue à tous nos auditeurs. Une récente enquête sur les habitudes alimentaires des Français a montré qu'il y a des changements dans l'alimentation. Être bien dans sa peau, manger équilibré, garder la ligne sont désormais partie des préoccupations de nombreux Français... des arguments de promotion indéniables pour les grands groupes alimentaires. Des restaurants proposant de nouvelles formes de gastronomie fleurissent partout : des bars à soupe, des sandwichs zen, des salades aux produits bio... Pour en savoir plus, Raphaël est allé place de la Victoire à Bordeaux pour interroger les passants sur leurs habitudes alimentaires.

Raphaël : Bonjour madame, vous êtes en direct sur Radio Conso, pouvez-vous nous dire ce que vous mangez pour le déjeuner?

Femme 1 : Eh bien... Je travaille dans le centre-ville et je n'ai qu'une courte pause, je n'ai pas le temps de rentrer chez moi. Avant, je cuisinais à la maison et j'emportais mon Tupperware au travail, mais depuis quelques mois je déjeune dans un nouveau restaurant du quartier. On peut y manger des salades et tous les produits sont diététiques. En plus, l'ambiance est très sympa et le service rapide. C'est un peu cher, mais bon, l'important pour moi, c'est de manger des repas équilibrés.

Raphaël : Merci. Et vous monsieur, que mangez-vous le midi ?

Homme : Euh... Ça dépend. Contrairement à la majorité des étudiants, j'évite le resto universitaire. Je préfère manger un sandwich dans un petit bar à côté de la fac.

Raphaël : Mademoiselle ! Mademoiselle, une question pour Radio Conso : pouvez-vous nous dire ce que vous mangez au déjeuner?

Femme 2 : Ben, ce que cuisine mon copain. Mes collègues de bureau déjeunent à la va-vite à la cantine, mais moi j'ai la chance d'habiter tout près. Je rentre donc chez moi pour la pause de midi.

Piste 20

Exercice 1

Armel Crozon : Chers auditeurs, bonjour, ici Armel Crozon. Nous sommes ravis de vous accueillir dans une nouvelle édition de notre programme « La parole est dans la rue ». Aujourd'hui, nos journalistes sont allés à votre rencontre pour connaître vos secrets pour être en forme. De plus en plus, les Français font attention à leur corps et à leur alimentation. Ils veulent vivre mieux et plus longtemps, se sentir bien dans leur peau et avoir un physique parfait. Les salles de sport affichent complet et de nouvelles activités, souvent venues d'Asie, font sensation. On veut combattre le mal de vivre en réconciliant l'esprit et le corps. Mais qu'en pensent les Français ? Écoutons tout de suite les propos recueillis par Agnès Pérodo.

Agnès Pérodo : Bonjour. Excusez-moi, pouvez-vous dire à nos auditeurs quel est votre secret pour être en forme ?

Femme 1 : Je fais du yoga ! Ça m'aide beaucoup, non seulement à me sentir mieux physiquement, mais également psychologiquement. Je suis plus calme, moins tendue...

Homme 1 : Euh... je me couche tôt... Je ne suis pas du tout sportif, alors rester en forme... ce n'est pas ma préoccupation première ! Et puis je connais plein de gens qui se disent en pleine forme et qui ne sont pas heureux, alors il n'y a aucune preuve que le sport est bon pour la santé. Moi, je préfère rester tranquille...

Femme 2 : Je fais tout ce que je peux ! Je mange sain, je fais du sport, je suis fan de boxe française ! Oui, je dirais que l'activité physique est le secret pour être en forme. Avec la pression que je vis tous les jours au travail, c'est la seule manière que j'ai pour vraiment me relaxer et évacuer le stress.

Homme 2 : Je crois que pour être bien dans sa peau, il faut être bien dans son corps avant tout. Moi, je fais un peu de sport pour m'entretenir physiquement, mais surtout, et je n'ai pas honte de le dire, je vais dans un salon de beauté une fois par semaine. J'y fais des soins du visage, des UV pour rester bronzé même en hiver. À notre époque, il faut donner une bonne image de soi, c'est important, aussi bien dans la vie privée que dans le travail.

Agnès Pérodo : Vous voyez Armel que nos concitoyens ont chacun leurs petits trucs pour rester en forme. Et vous, quel est le vôtre ?

UNITÉ 5

Piste 21

Document sonore A

Présentatrice : Alors ce soir pour notre débat « On est bien chez les parents? », vous avez été très nombreux à nous écrire sur le Facebook et le compte Tweeter de Yo FM.

Pour commencer, nous avons en ligne Théo, 21 ans, qui nous a écrit : « Ici c'est tout confort : télé, Internet, machine à laver. Aucune facture, pas de responsabilité, juste les parents à supporter ! » Sympa pour tes parents, Théo !

Théo : Ouais, bon, c'est vrai que ce n'est pas sympa de dire ça, mais avec mes parents ce n'est pas toujours drôle ! Mais bon, je leur rends aussi des services. Je fais

les courses, je range ma chambre, euh… je m'occupe de mes petits frères quand il sortent. Ils n'ont qu'à me demander et je suis toujours là.
Présentatrice : Alors pour toi, rester chez tes parents, c'est recevoir et profiter, mais c'est aussi donner et participer, si je comprends bien ?
Théo : Oui, c'est ça. Comme dirait mon père : « Tout travail mérite salaire ». Et puis, de toute façon je ne pourrais pas me payer un logement. C'est trop cher !
Présentatrice : Justement, sur le thème trop cher, on a aussi un tweet de Damien qui dit : « J'en ai ras-le-bol d'être chez mes parents, mais vu le prix des apparts, il n'y a pas le choix. ». Alors Damien ? Trop chers les apparts ?
Damien : Ben ouais ! Vous avez vu combien ça coûte ? Il faudrait que je sois avec une copine ou des potes pour me le permettre. Alors tant que je n'aurai pas d'argent, je ne pars pas… Parce que ma sœur, qui est partie à 17 ans, elle travaille pour gagner presque rien et en plus elle est étudiante. Alors des fois, elle n'a qu'une envie, c'est de revenir…
Présentatrice : Mais elle a pu partir…
Damien : Bon c'est vrai, mais si vous voyiez son appart… ce n'est pas terrible ! Enfin, il vaut mieux que mes parents n'entendent pas ça…
Présentatrice : OK ! Bon, par contre, on a Samia qui nous a surpris avec un message mystérieux qui dit « Ni partir, ni rester ! » Nous l'avons donc. Et alors, Samia, c'est quoi ce « ni partir ni rester » ?
Samia : Ben c'est simple, je suis chez mes parents, mais je vais souvent passer des journées entières et quelques nuits par mois chez des copines.
Présentatrice : Original, mais tu ne peux pas dire que tu es vraiment partie. Quand tu es à la maison, tu es à la maison !
Samia : Attendez ! À la maison, si mes parents m'énervent, je disparais. Ils ne me voient pas de la journée. Je reste dans ma chambre. Je regarde la télé… Mais par contre, quand ils sont sympas, je vais leur parler un petit moment, les aider un peu… et puis je leur demande si je peux aller chez une copine.
Présentatrice : Aaah, pas mal comme technique ! Tu improvises en fonction de la situation, en fait ! On revient là-dessus après un courte pause musicale…

Piste 22

Document sonore B

Le forum social mondial de 2016 s'est tenu à Montréal au Canada, on y a vu participer 35 000 personnes originaires de 125 pays. Dans une ambiance plutôt festive, des conférences, des ateliers, des discussions et des présentations ont été organisés autour des thèmes chers au forum social.
Cinq grands thèmes sont abordés : l'économie, avec les inégalités sociales et les discriminations ; l'écologie avec le réchauffement climatique et la mise en danger de l'équilibre écologique ; la géopolitique avec les guerres et l'arrivée de nouvelles puissances ; les idéologies avec les idées nationalistes et les poussées xénophobes ; la politique avec le problème de corruption. Le forum a aussi été marqué par la présence de nombreuses personnalités venues des quatre coins du monde comme Mama Koïté Doumbia, Edgar Morin ou Naomi Klein. Un des faits marquants a été très certainement le refus des autorités canadiennes d'accorder 300 visas à diverses personnes, dont l'ancienne ministre du Mali, Aminata Traoré. Cela montre encore les différences qu'il existe entre les grandes puissances occidentales et le reste du monde en matière de liberté de circulation des personnes.

Piste 23

Exercice 1

Présentateur : Merci d'écouter Radio trois. Tout de suite l'actualité musicale avec Marie Geoffrion. Bonjour Marie, aujourd'hui vous allez nous parler de la Seine musicale, c'est un nouveau lieu pour la musique à Paris ?
Marie : Oui, la Seine musicale a été inaugurée samedi dernier, c'est un nouvel espace consacré à la musique, pas exactement à Paris, mais juste à côté, à Boulogne-Billancourt, sur l'île Seguin. L'île Seguin, vous le savez, c'est là autrefois où étaient installées les usines du constructeur automobile Renault jusqu'en 1992.
Présentateur : Et alors, on y fera quoi dans ce nouveau lieu ?
Marie : La philosophie de la Seine musicale, c'est rendre la musique accessible à tous et la faire vivre sous toutes ses formes. Cela veut dire que la Seine musicale accueillera du jazz, des musiques électroniques, de la musique de chambre, du chant choral, de tout quoi ! Rien ne sera interdit… Une quarantaine d'événements musicaux sont prévus chaque année. Et il y aura aussi des expositions.
Présentateur : Et les équipements ?
Marie : Il y a un auditorium avec 1150 places assises et une grande salle qui pourra accueillir jusqu'à 6000 personnes pour des concerts. Mais la Seine musicale, c'est aussi des salles de répétitions, une école de chant, un espace entreprise, un studio d'enregistrement et des commerces à vocation culturelle. Donc, c'est bien plus qu'une simple salle de spectacles, c'est un espace ouvert à tous, un espace qui veut sensibiliser et former à la musique.
Présentateur : Merci Marie Geoffrion.

Piste 24

Exercice 2

Présentateur : Bienvenus à tous dans notre magazine *Le monde en question*, nous accueillons aujourd'hui Alexa Crépin, journaliste grand reporter et membre de Reporters sans frontières. Bonjour Alexa.
Alexa : Bonjour, et merci de me recevoir.
Présentateur : Tout le plaisir est pour nous ! Alexa, vous allez répondre aux questions des auditeurs sur votre profession, ses caractéristiques, ses risques… Alors, nous avons un premier appel. Allô ?
Jade : Oui, allô bonjour, je m'appelle Jade. Alors voilà, j'aimerais bien savoir pourquoi on continue d'envoyer des journalistes dans les pays en guerre. Parce que, avec les moyens techniques qu'on a aujourd'hui, on devrait pouvoir avoir l'information sans que personne ne soit en danger. Vous ne croyez pas ?
Alexa : Bonjour Jade. Effectivement, vous avez raison. Cela devrait pouvoir être comme ça. D'ailleurs, beaucoup de rédactions interdisent à leurs journalistes ces missions dans des régions dangereuses. Malheureusement, ce n'est pas toujours possible. Parce que comment faire pour avoir des informations fiables sur le monde ? Dans les pays sous un régime dictatorial, est-ce qu'on peut se contenter des images, disons subjectives, que nous fournissent ces pays ? Est-ce qu'il n'y a pas un risque de désinformations ou de manipulation de l'actualité par une vision orientée des événements ? Du coup, il vaut mieux envoyer des gens sur place, pour vérifier.
Présentateur : Merci Jade pour votre appel. Nous avons maintenant Thomas qui est en ligne. Bonjour.
Thomas : Oui bonjour… Je voudrais savoir quelles sont les actions entreprises pour aider les journalistes retenus en otage actuellement ?
Alexa : Eh bien, beaucoup d'actions sont menées et souvent par des bénévoles. Des concerts sont organisés afin de mobiliser l'opinion publique autour de la liberté de la presse et pour dégager des fonds utiles aux éventuelles transactions. Les radios passent souvent des messages des proches et si l'otage entend un de ces messages, ça l'aide dans sa captivité. C'est ce qui s'est produit pour moi. On ne sait pas si ces actions servent, mais s'il y a une chance, il faut essayer.
Présentateur : Merci Thomas, merci Alexa. Nous revenons après la pub !

Piste 25

Exercice 3

Présentatrice : Bonjour et bienvenus dans notre forum d'expression libre. Ce soir, nous allons laisser la parole aux jeunes issus de l'immigration pour nous parler de l'école d'aujourd'hui. Et nous accueillons, pour cela, Farid et Jean-Baptiste. Farid et Jean-Baptiste vous êtes respectivement d'origine marocaine et nigérienne. Nos auditeurs peuvent réagir à leurs propos en appelant Radio libre. Et sans plus attendre, je leur laisse la parole. Farid.
Farid : Oui, merci. Moi, je voudrais dire qu'on est tous des rescapés. Je crois que nous avons échappé au destin qui nous était tout tracé. Nous sommes nés dans la banlieue et pourtant, aujourd'hui, nous voici en classe préparatoire, au même titre que ceux du centre-ville. Je discutais avec une fille de ma classe ce matin. Elle me disait que ses parents lui payaient des cours particuliers pour revoir les cours des profs. Moi, je donne des cours de soutien scolaire pour pouvoir survivre financièrement. Croyez-vous qu'on ait les mêmes chances de réussite au concours ? Quand on me dit que l'école est un lieu d'égalité, ben ça me fait rire !
Présentatrice : Jean-Baptiste ?
Jean-Baptiste : C'est vrai ! L'école ne remplit plus son rôle. En banlieue, l'Éducation nationale a créé les ZEP, et une ZEP, comme son nom l'indique, devrait être une véritable zone d'éducation prioritaire. Bon OK, cette appellation n'existe plus, mais le dispositif d'accompagnement des jeunes de banlieue doit rester une priorité. Or, on se retrouve dans des situations bloquées avec des destins tout tracés, c'est-à-dire on passe un bac professionnel et on entre dans la vie active. Peu de jeunes de banlieue font des études supérieures. On n'a pas tellement d'autres choix. On n'est plus jugés sur les résultats, mais sur nos origines. Quand tu sors d'un collège de banlieue, tu as de la chance si on t'accepte dans un lycée général. Et moi, je considère que j'ai de la chance d'être en Terminale S.
Présentatrice : Merci à vous deux pour avoir participé à ce débat. Vous restez avec nous et nous prenons un premier appel.

EXAMEN 1

Piste 26

Document 1

Hervé : Salut Vanessa !
Vanessa : Eh, salut Hervé. Je ne t'avais pas vu.
Hervé : Ah, alors ce week-end, tu as fait quoi finalement ?
Vanessa : Je suis allé au ciné avec des copains de la fac.
Hervé : Vous êtes allés voir quoi ?
Vanessa : *Intouchables*, tu sais, le film avec Omar Sy et François Cluzet…
Hervé : Ben… je ne l'ai toujours pas vu, c'est bien ?
Vanessa : Écoute, j'ai adoré ! C'est un film de 2011, il a déjà quelques années, mais je ne l'avais pas vu moi non plus. Mais vraiment j'ai adoré ! Je te conseille d'y aller, c'était vraiment super ! D'ailleurs, ils le passent à la fac pour le festival de cinéma et, avec ta carte d'étudiant, ce n'est vraiment pas cher.
Hervé : Oh moi, tu sais, les films humoristiques, ce n'est pas vraiment mon truc. Ça ne me fait jamais rire… Je préfère un bon film de science-fiction !
Vanessa : Ah non, mais là, c'est différent. Rien à voir avec les autres. C'est émouvant, drôle, un moment de pur bonheur et ça fait du bien ! Et puis, la musique, la bande son… une merveille !
Hervé : Quel enthousiasme ! Bon ben, ok, j'essaierai d'y aller et je te dirai ce que j'en pense.
Vanessa : Par contre, à ta place, je réserverais à l'avance… quand j'y suis allé, il y avait beaucoup de monde !

Piste 27

Document 2

Présentatrice : Les spectacles du cirque Plume, c'est avant tout de la poésie. Jean-François Cellier ?
Jean-François Cellier : Oui, oui, moi j'y vois aussi d'autres choses mais il y a de la poésie, beaucoup, oui, évidemment.
François Turquin : Euh, vous avez vu tous les spectacles depuis le début.
Jean-François Cellier : Alors, honnêtement, non… mais j'en ai vu un peu plus d'une dizaine. Depuis, en gros, 1986. Oui, *Carnaval*, enfin bon, on ne va pas tous les citer, mais il y en a beaucoup. Mais euh moi, avec mon œil tout à fait amateur et passionné de cirque, ce qui m'a attiré dans Plume tout de suite, c'est d'abord des images nouvelles, inhabituelles, aussi bien par la mise en scène que par le jeu des artistes ou des musiciens. Et puis, ce qui m'a frappé, avec l'expérience que j'ai acquise autour du festival Circa, c'est que, chez Plume, les artistes ne vont jamais au-delà de ce qu'ils peuvent faire. On n'est pas dans la performance, on est dans, vraiment, l'expression artistique, ce qui rend les numéros très agréables à voir. Et bon, personne ne surjoue, enfin moi, c'est ce qui m'a frappé depuis le début. Et puis après il y a toute la magie de Plume, enfin vraiment, qu'on retrouve d'ailleurs dans le dernier spectacle avec des touches qui viennent de spectacles plus anciens. Voilà, c'est un vrai plaisir, un vrai plaisir.
Présentatrice : Magie, poésie, vous définiriez le cirque plume comme ça, Gwénola David ?
Gwénola David : Oui effectivement…

Piste 28

Document 3

Philippe Bertrand : François Turquin, bonjour.
François Turquin : Bonjour.
Philippe Bertrand : François, vous êtes président de l'association Ciné-Jeune de l'Aisne et vous organisez depuis le 13 mars la trente-cinquième édition du festival international de cinéma jeune public de l'Aisne. C'est encore pour une dizaine de jours, jusqu'au 15 avril. « Jeune public », on le définit comment ? Parce que c'est vaste.
François Turquin : Alors, le jeune public, ça commence dès la petite enfance jusqu'à la grande adolescence, et même jusqu'au public adulte, puisqu'il y a toujours un grand nombre de spectateurs parents qui viennent assister aux séances et qui prennent plaisir à voir tous ces films merveilleux. Donc dès 18 mois jusqu'à nos lycéens et universitaires.
Philippe Bertrand : Oui. Comment faites-vous pour sélectionner un programme qui s'adresse à ces tranches d'âge ?
François Turquin : Alors, nous sommes une petite équipe de bénévoles, une petite équipe de permanents qui prenons soin de regarder, dans tous les magazines consacrés au cinéma jeune public, les sorties. Nous sommes aussi en lien avec tout un réseau de diffuseurs qui nous adressent des films. Et puis, on va sélectionner et on va visionner tous ces films, et on fera une sélection qui sera ensuite présentée aux jeunes spectateurs axonais.
Philippe Bertrand : Je pose la question parce que ce n'est pas facile de rendre adéquate cette programmation par rapport à des très jeunes et des moins jeunes. Aujourd'hui, il y a des précautions qui sont prises, vous savez, à l'égard de l'impact de l'image sur la jeunesse, sur les enfants, alors comment vous procédez, vous, pour ne pas être débordés par ces risques ?
François Turquin : Alors, quand il y a un souci, quand on se pose une question, à se demander si le film peut

être présenté à de jeunes enfants, on va s'adresser à quelques experts, des regards par exemple de psychologues qui vont nous aider à ne pas commettre une erreur. Et ensuite nous réfléchissons à la tranche d'âge à laquelle nous allons conseiller ce film.

EXAMEN 2

Piste 29

Document 1

Kévin : Allô, mamie ?
Grand-mère : Qui est à l'appareil ?
Kévin : Ben, c'est moi, Kévin ! Tu ne m'as pas reconnu ?
Grand-mère : Ah mon petit Kévin ! Comment vas-tu ?
Kévin : Bien, bien... Dis, je voulais savoir si je pouvais passer te voir cet après-midi parce que je dois aller en ville pour retrouver des copains et j'ai pensé que je pourrais passer te faire un petit coucou.
Grand-mère : Oh, c'est gentil. C'est vrai que ça fait longtemps que je ne t'ai pas vu... Mais tu voudrais passer à quelle heure ?
Kévin : Je ne sais pas trop... Vers 2 heures ?
Grand-mère : Tu ne peux pas venir un peu plus tard ? Parce que c'est l'heure de mon feuilleton, tu sais ? Et j'attends ce nouvel épisode avec impatience !
Kévin : Si... Mais pas trop tard parce qu'après je vois mes amis.
Grand-mère : Viens à 3 heures. Le feuilleton sera fini et comme ça tu pourras m'accompagner en ville, j'ai des choses à acheter. Ah, et tu pourrais aussi me rendre service... demande à ta mère de te donner le livre dont elle m'a parlé, tu me l'apporteras !
Kévin : D'accord. À tout à l'heure.

Piste 30

Document 2

Pour cette nouvelle émission de *On a testé* nous avons visité le musée de l'Homme et son exposition permanente. Et oui, on a bien aimé ! Tout particulièrement, l'une des attractions principales : le Mur des Langues. C'est quoi le Mur des langues ? Et bien, c'est un curieux mur où se trouvent des langues humaines, oui, vous avez bien entendu, cet organe que vous avez vous aussi dans votre bouche ! Sur un grand mur rouge, on peut tirer une trentaine de langues en résine pour écouter des langues rares, des langues plus connues, des langues presque disparues. Par exemple, pour entendre le mand, une langue presque éteinte, seulement pratiquée par huit locuteurs et issue de Papouasie-Nouvelle-Guinée, il faut tirer sur une des langues qui sort du mur pour déclencher l'enregistrement des années 1930. Des écrans nous racontent également les origines des langues, parce que l'homme, c'est la parole, et notre langue marque notre identité. Saviez-vous qu'une langue sur deux est seulement orale ? Qu'il y a dans le monde 7 000 langues et des milliers de dialectes ? Cette richesse culturelle pourrait être réduite de moitié dans quelques années... Selon le musée de l'Homme, 80 % des humains emploient 80 langues ; et seulement 20 %, les milliers d'autres. L'UNESCO nous prévient : la moitié des langues connues aujourd'hui dans le monde pourraient avoir totalement disparu d'ici la fin du XXe siècle ! Nous vous recommandons donc chaudement d'aller visiter le musée de l'Homme et d'écouter toutes ces langues en direct. Amenez vos enfants ! Ils apprécieront eux aussi. À souligner, la gentillesse du personnel d'accueil et des agents de surveillance qui participent à rendre la visite agréable.

Piste 31

Document 3

Journaliste homme : Bonjour à toutes et à tous. Merci, chers auditeurs et auditrices d'être avec nous pour cette nouvelle émission de *Je lis, tu lis nous lisons !* Nous sommes en studio avec Marie-Ange Lemercier, spécialiste d'Arsène Lupin, qui vient de publier un livre sur ce fameux personnage. Arsène Lupin... le connaissez-vous ? Sous ce nom se cache celui qu'on appelle le gentleman cambrioleur... Bonjour Marie-Ange et bienvenue parmi nous. Pouvez-vous nous présenter Arsène Lupin ?
M-A L : Bonjour. Alors, Arsène Lupin est né de la main de Maurice Leblanc en 1905. Quelques mois auparavant, l'écrivain avait reçu la commande du directeur de la célèbre revue de l'époque *Je sais tout* d'écrire une histoire policière dans le style de Sherlock Holmes.
Journaliste : On peut donc dire qu'Arsène Lupin est l'équivalent français du célèbre détective anglais ?
M-A L : Hum... Pas vraiment, je dirais même pas du tout. En effet, Sherlock Holmes est avant tout un détective, il est donc au service de la police, alors qu'Arsène Lupin est un voleur.
Journaliste : Un voleur certes, mais pas n'importe quel voleur...
M-A L : Effectivement, et c'est là toute la différence. On retrouve chez Arsène Lupin la figure de Robin des Bois. C'est un voleur qui ridiculise les bourgeois et n'hésite pas à voler au secours des plus pauvres.
Journaliste : Voleur et séducteur aussi...
M-A L : Oh oui ! Arsène Lupin, ou plutôt les différents personnages qu'il incarne au fil de ses aventures,

séduit toutes les femmes qu'il rencontre. On l'imagine facilement grand et beau, plein d'élégance dans un superbe costume Belle Époque.
Journaliste : Arsène Lupin, ce sont des romans. Seize, n'est-ce pas ?
M-A L : Seize romans effectivement, mais aussi quelque trente-sept nouvelles et quatre pièces de théâtre. Arsène Lupin a aussi fait l'objet d'une adaptation pour la télévision et le cinéma.
Journaliste : Eh bien, merci Marie-Ange Lemercier pour avoir partagé ces quelques moments avec nous. Et pour conclure notre émission d'aujourd'hui, voici quelques recommandations de lecture...

EXAMEN 3

Piste 32

Document 1

Gilles : Allô ?
Arnaud : Allô, Gilles ?
Gilles : Ah, salut Arnaud. Comment ça va ?
Arnaud : Bien, merci. Dis je t'appelle parce que j'ai vu Richard hier, on a parlé de toi et, du coup, on s'est dit que ça faisait longtemps qu'on ne t'avait pas vu... est-ce que ça te dirait de nous accompagner demain au cinéma ?
Gilles : C'est gentil... Pourquoi pas ? Mais... ça dépend, tu sais, le cinéma et moi... Pff... qu'est-ce que vous vouliez aller voir ?
Arnaud : On avait pensé aller voir *L'Arrivée* de Denis Villeneuve, un cinéaste québécois génial !
Gilles : Ah, vous voulez aller voir cette niaiserie ! Eh ben... Non, je crois que ça ne m'intéresse pas.
Arnaud : Ben, pourquoi tu dis ça ? Ça a l'air très bien.
Gilles : Mais elle tient pas debout, cette histoire, elle est un peu bête : des vaisseaux spatiaux, des extraterrestres, des linguistes qui cherchent à comprendre leur langage... Vous n'avez pas quelque chose de plus réaliste et actuel ?
Arnaud : Oh la la ! Sois un peu moins rigide et essaie d'apprécier la fantaisie !
Gilles : Bof, pas envie de voir une histoire avec des extraterrestres, l'espace et je sais pas quoi encore ! Je déteste la science-fiction !
Arnaud : Quel mauvais caractère ! Bon, écoute, si tu changes d'avis, on s'est donné rendez vous devant le cinéma Renoir à 8 h.
Gilles : D'accord. Mais, ne comptez pas sur moi, je ne suis vraiment pas motivé.
Arnaud : Oh allez, je t'assure que c'est un bon film et puis c'est l'occasion de se voir !
Gilles : Bon... je ne promets rien, mais au cas où je me déciderais, je t'enverrai un message. Sinon je peux vous rejoindre après le film et on boit un verre ?
Arnaud : Ok, ça marche. On attend de tes nouvelles, alors. Allez, tchao !
Gilles : Tchao, tchao...

Piste 33

Document 2

La chronique éco, Tessa Grauman
Dans les allées du salon de la micro-entreprise, beaucoup de trentenaires passent de stand en stand à la pêche aux informations qui vont leur permettre de changer de cap dans leur vie professionnelle. Sandrine, 37 ans, est bien décidée à quitter son poste de juriste salariée pour monter sa propre entreprise. Cette grande et belle femme, originaire de Sainte-Anne en Guadeloupe, veut se donner les moyens de gérer son temps et de voir grandir ses deux enfants. L'envie d'entreprendre là, ne lui manque qu'une chose.
« Trouver l'idée. C'est ça en fait le plus compliqué aujourd'hui. Savoir quelle est... voilà... trouver l'idée qui soit la bonne et pouvoir me lancer assez rapidement puisqu'on sait très bien que, quand on monte une entreprise, les deux ou trois premières années quand on a de la chance, voire les quatre, cinq quand on a un peu moins, sont quand même assez difficiles à gérer. »
Laetitia, elle sait très bien ce qu'elle veut faire. Après quelques années comme salariée dans une boutique, puis comme professeur de *dance-hall* en banlieue parisienne, cette Guadeloupéenne d'origine souhaite monter sa propre école de danse. Un projet qui ne lui fait pas peur.
« Je ne pense pas que ça soit compliqué. Je pense qu'il faut avoir les bonnes informations pour pouvoir créer sa propre entreprise. Après, comme on dit, on n'obtient pas ce qu'on veut en deux temps trois mouvements, hein, c'est dans le long terme, donc euh... Moi, je ne pense pas que ce soit compliqué comme ça. Il faut juste être bien guidé. »
Monter un *business plan*, trouver les financements, Guy se donne six mois pour créer son entreprise de transport de marchandises. Ses quinze années comme employé dans la sécurité dans les grandes surfaces et comme chauffeur de bus, lui ont permis de mettre un peu d'argent de côté.
« Pour l'instant c'est la phase de création donc les idées, c'est forcément de... que ce soit une grosse structure que je vais faire par la suite. Il faut déjà commencer à mettre le premier pavé et créer la société en elle-même et puis après voir comment ça tourne. Entre ce qu'on veut et ce qui est réalisable sur le terrain... On a des surprises souvent. »
Au salon de la micro-entreprise, on trouve beaucoup d'enseignes bancaires prêtes à conseiller les futurs patrons. Mais les projets modestes les intéressent peu.

Guy en est bien conscient.
« C'est un peu plus compliqué quand on est créateur. Ils ne sont pas prêts à mettre la main à la poche, ils n'ont pas assez de garanties. Donc, dans un premier temps, non c'est personnel, et puis les associations qui aident à la création ».
L'ADI (ou l'Association France Active) pourront sans doute lui donner un coup de main pour le financement de son entreprise. Pour monter sa propre boîte il faut une idée, du temps, de la méthode, des contacts et de la persévérance. Mais tout cela vaut le coup assurent tous les visiteurs qui arpentent les couloirs du salon, comme Sandrine, la juriste sans doute bientôt reconvertie en chef d'entreprise.
« À mon avis, c'est beaucoup plus sympa que d'être salarié. »

Piste 34

Document 3

Vivianne Ezratti : Enfin, sincèrement, l'histoire du « temple du savoir », moi, je crois que c'est de la mythologie. Je pense que c'est du fantasme, enfin... Quand on a ouvert la bibliothèque, c'est amusant parce qu'on a donc rencontré beaucoup d'associations de partenaires et tout ça et, effectivement, on s'est rendu compte que, [y] compris pour des gens qui manifestement fréquentaient des bibliothèques, il y avait cette espèce d'idée que c'était effectivement un temple du savoir, mais ça n'a jamais été ni une église ni quelque chose de ce genre, d'où des malentendus, par exemple des gens qui voudraient voir régner un silence... religieux, peut-être? Je ne sais pas. Non, une bibliothèque c'est un lieu de vie, mais depuis toujours.
Journaliste : Même depuis « L'Heure joyeuse » par exemple...
Vivianne Ezratti : Alors, « L'Heure joyeuse » donc ça a été la première bibliothèque spécialisée pour les enfants, qui est née grâce à un don d'une association américaine à la Ville de Paris, au lendemain de la Première Guerre mondiale, dans le cadre de la reconstruction de la France, pour que les enfants récupèrent du traumatisme et aussi parce que il n'y avait pas l'équivalent des bibliothèques pour enfants américaines en France à l'époque. Et ben, c'était un lieu assez incroyable parce que, des États-Unis, ils ont importé le fait que les enfants pouvaient aller directement se servir sur les rayonnages, à l'époque, ce n'était pas le cas dans les bibliothèques publiques françaises. Et il y a eu aussi un apport français puisque les premières bibliothécaires, elles étaient adeptes de ce que l'on appelle les « méthodes actives », l'éducation nouvelle : Freinet, Montessori, tout ça. Donc, pour elles, le but de cette bibliothèque c'était l'épanouissement de l'enfant et le livre était un moyen. Et, donc, elles ont mis en place des activités de théâtre, elles ont mis en place... les enfants s'exprimaient dans le journal écrit par les enfants et des jeunes eux-mêmes qui paraissait qui s'appelait *L'Hora joyeux,* ils faisaient des fêtes, etc. Et c'était de l'autogestion, c'était les jeunes, c'est eux qui faisaient le prêt des livres et qui rangeaient et, en même temps, c'était plutôt une ruche qu'un temple. La culture a quelque chose d'intimidant, ça c'est sûr et, au fond, c'est peut-être le travail qu'on a cherché à faire à L'Heure joyeuse à l'époque... Voilà, l'idée c'était justement que ça ne soit pas intimidant. Je vois la médiathèque Françoise-Sagan qui abrite le fond patrimonial et les archives de L'Heure joyeuse depuis son ouverture en mai 2015. C'est aussi finalement ce qu'on essaye de faire, quelque chose de ludique, quelque chose de non intimidant, quelque chose de simple. Ce qui change peut-être c'est le curseur qui est moins mis du côté des collections que du public, c'est à dire, c'est le destinataire qui nous intéresse, voilà. Mais, en même temps, il faut lui offrir quelque chose, on ne se détache pas des collections, il ne s'agit pas de faire juste de devenir des animateurs, par exemple, ce n'est pas intéressant. Après, effectivement, on est probablement beaucoup plus à l'écoute de tout ce qui se passe autour de nous dans la société... Moi je pense que le patrimoine permet de comprendre, je dirais, le présent, et parce qu'il y a toujours forcément des liens, des racines. Les racines permettent de comprendre, ben voilà les fleurs qui sont sorties et, à l'inverse, on a besoin de savoir qu'est-ce qui se passe du côté de la création pour encore mieux apprécier les autres œuvres qui sont déjà produites.

EXAMEN 4

Piste 35

Document 1

Malek : Tiens, salut Angélique !
Angélique : Salut, Malek.
Malek : Dis donc, tu ne sais pas qui j'ai vu jeudi ?
Angélique : Non... un joueur du PSG ?
Malek : Mais non, je ne te parle pas de sport ! Toi alors... Enfin bref. Je me promenais du côté de la gare de Lyon quand j'ai vu des caméras et un groupe de personnes réunies.
Angélique : Et alors ?
Malek : Eh bien, juste à ce moment-là, je vois une grosse voiture qui s'arrête et devine qui en descend ? L'acteur américain Tom Cruise.
Angélique : Ah, oui ? C'est vrai ? C'était prévu qu'il vienne pour le tournage du film *Mission impossible*.
Malek : Mais attends, ça c'était jeudi. Vendredi, je vais

dans un autre quartier, à Belleville, et je tombe sur Omar Sy en plein tournage également.
Angélique : Ah, ouais ? C'est dingue le nombre de films qu'on tourne à Paris ! Moi, j'ai entendu dire qu'il y en a une dizaine tous les jours, mais pas seulement des films de cinéma hein, des séries télévisées, des publicités, il y en a beaucoup, et des documentaires aussi.
Malek : Moi, j'aimerais bien participer à un tournage. On pourrait passer un casting pour être figurant, par exemple. C'est facile, il n'y a pas de texte à apprendre !
Angélique : Mais oui, très bonne idée !

Piste 36

Document 2

7 000 ans avant Jésus-Christ, les produits laitiers, et en particulier le yaourt, étaient déjà au menu des Libyens. Les tribus nomades transportaient le lait dans les peaux de bêtes. Sous l'effet de bactéries et grâce à la douceur du climat, le lait aurait fermenté spontanément, ce qui lui a permis de se conserver de façon naturelle et efficace. Cette technique se serait ensuite répandue à travers le monde, avec une très grande variété de spécialités.
On raconte qu'en 1542 le roi de France François Ier avait de sérieux problèmes digestifs et aucun docteur ne trouvait de solution pour le soigner. Il se confia à Soliman le Magnifique, sultan de la dynastie ottomane dans l'actuelle Turquie. Celui-ci lui envoya un médecin qui lui conseilla une cure de lait fermenté, un équivalent du yaourt, c'était une pratique courante dans son pays. Le roi fut guéri ! On dit que c'est à cette occasion que le yaourt a fait sa première apparition dans notre pays.
Il est ensuite né commercialement en 1925, et occupe aujourd'hui une place importante dans l'alimentation des Français qui en consomment 170 pots par personne et par an. Il s'agit d'un produit riche en protéines et en calcium, ce qui est bon pour les os.
Aujourd'hui, devenu un produit de grande consommation mondial, le yaourt a progressivement perdu ses caractéristiques d'aliment naturel pour se transformer en produit industriel de grande consommation. Il a été coloré, allégé et même mélangé à des bonbons.
Les consommateurs veulent un retour aux produits authentiques. Le naturel, le bio, le local, inspirent confiance. Mais à l'inverse de cette tendance, on voit apparaître de plus en plus de marques qui proposent des yaourts sans lactose. On est loin du naturel !
Pour ne pas lasser le consommateur, les marques doivent faire preuve d'imagination. Résultat : des dizaines de variantes qui arrivent tous les ans sur le marché. Les marques jouent sur les goûts ou les textures et lui attribuent des propriétés bénéfiques pour la santé. Propriétés parfois contestées par les professionnels de santé, mais le yaourt reste un des produits les plus appréciés par les consommateurs.

Piste 37

Document 3

Journaliste : La psychanalyste Claude Halmos est avec nous sur France info pour *C'est dans la tête*. Bonjour Claude Halmos
Claude Halmos : Bonjour.
Journaliste : Nous ne sommes plus qu'à quelques semaines de Noël, beaucoup de parents se posent des questions à propos de l'importance donnée aux cadeaux. Claude, est-ce que ça vous parait une bonne chose que cette fête soit devenue celle des cadeaux ?
Claude Halmos : Alors, je ne sais pas si c'est ou non une bonne chose mais ce que je sais c'est que ça pose effectivement beaucoup de questions aux parents.
Journaliste : Quel genre de question ?
Claude Halmos : Bah, en fait, on pourrait dire pour aller vite qu'on a d'un côté des familles qui ont la chance d'avoir un niveau de vie confortable et qui craignent pour leurs enfants le « trop », c'est-à-dire que leurs enfants croulent sous trop de cadeaux et ça n'a plus aucun sens pour eux, et puis de l'autre côté, les parents qui connaissent des difficultés financières, et ils sont aujourd'hui très nombreux, qui ont peur eux du « pas assez », c'est-à-dire peur que leurs enfants se sentent lésés, défavorisés par rapport aux autres, et certains ont même peur que leurs enfants se sentent moins aimés.
Journaliste : Comme si le cadeau était une preuve d'amour ?
Claude Halmos : Oui, ce qui en soi n'est pas faux d'ailleurs. Parce que, si on a vraiment envie de faire un cadeau à quelqu'un, c'est en général parce qu'on l'aime. Mais ce qu'il faut que les parents comprennent, c'est que la valeur d'un cadeau ne tient pas à sa valeur marchande, elle tient aux sentiments dont il témoigne, et nous le savons tous parce que nous avons tous le souvenir de cadeaux que nous avons reçus enfants et que nous n'oublierons jamais alors qu'ils n'avaient quasiment aucune valeur marchande, il faudrait que les parents se souviennent de ça et l'expliquent à leurs enfants.
Journaliste : Les enfants peuvent comprendre ça ?
Claude Halmos : Mais bien sûr, à condition que l'on leur explique évidemment. Les enfants ont tous envie d'abord du jouet à la mode et ce jouet est forcément cher mais on peut les aider à aller plus loin en revalorisant la fête, l'émerveillement, la joie d'avoir une surprise, et surtout la valeur affective du cadeau, et pour ça il faut je crois leur permettre de faire eux-mêmes l'expérience du don. On peut aller chercher avec eux des petits

cadeaux qui seront des surprises pour les membres de la famille et des amis, et on peut aussi aller donner à des associations, qui pourront les distribuer, des objets, des jouets qui seront des cadeaux pour des enfants qui sans cela n'en auraient pas. Il faut qu'un enfant comprenne que c'est bien, hein, d'attendre de recevoir tous les jouets qu'on a commandés, comme on dit, mais que c'est bien aussi de chercher à donner du bonheur aux autres. C'est une démarche qui lui permet d'être actif et surtout de comprendre que Noël peut être une fête pas seulement des cadeaux mais aussi de l'échange.
Journaliste : Merci beaucoup Claude Halmos. *C'est dans ma tête*, c'est chaque samedi sur France info.

EXAMEN 5

Piste 38

Document 1

Anoushka : Dis, tu as lu *Vernon Subutex* de Virginie Despentes ?
Julien : Oui, j'ai trouvé ça passionnant. Tu es pris dans l'histoire et t'as plus envie de le lâcher, et pourtant il y a trois volumes, ça fait presque 1200 pages ! En tout cas, je te le recommande.
Anoushka : Ben justement. Je suis train de lire le premier et je n'arrive vraiment pas à comprendre comment ce livre a pu obtenir un tel succès, il a même remporté trois prix littéraires !
Julien : Tu ne vas pas me dire que tu ne trouves pas ça génial ? Moi, je vois dans le parcours de cet ancien vendeur de disque et les portraits de ses amis un miroir de notre société.
Anoushka : Oooh, c'est un livre plein d'incohérences ! Il a peut-être des prétentions sociologiques, mais l'auteure aurait pu se documenter un peu mieux. C'est certainement un bon scénario de film, mais ce n'est pas un chef-d'œuvre littéraire.
Julien : Mais non, elle connaît bien son histoire, elle vient du monde de la musique punk. Comme le personnage principal, elle a évolué dans le milieu de la musique et des concerts. Elle a connu la grande époque du disque, puis du CD, avant que tout s'arrête avec l'arrivée du numérique et du mp3.
Anoushka : Enfin en attendant, elle doit être bien contente, ça doit lui rapporter beaucoup d'argent, on la voit partout dans les médias.
Julien : Tant mieux pour elle ! Elle le mérite son succès... Au fait, elle est cinéaste aussi, tu sais ?
Anoushka : Ben, non...
Julien : Bon écoute, pense ce que tu veux, chacun ses goûts, moi j'ai trouvé ce bouquin formidable, un vrai coup de cœur et je le recommande à tous mes amis.

Piste 39

Document 2

Journaliste femme : Radio Conso, merci d'être à notre écoute. Nous retrouvons maintenant Tao Chin Li qui va nous parler du savon de Marseille. Bonjour Tao.
Tao : Bonjour à tous, et oui aujourd'hui on parle de cosmétique naturelle, et plus particulièrement du savon de Marseille. Le savon de Marseille original, reconnaissable grâce à son parfum si particulier, possède des caractéristiques écologiques et cosmétiques particulièrement intéressantes. Son efficacité n'est plus à démontrer et ses vertus exceptionnelles sont vantées par tous les professionnels de la santé. Saviez-vous qu'il est officiellement né en 1371 grâce à Crescas Davin, le premier savonnier marseillais ? Mais c'est seulement au XVIe siècle que l'industrie du savon fait réellement son apparition en Provence. Pourquoi en Provence ? Parce qu'il y a tous les ingrédients nécessaires à la fabrication, c'est-à-dire la soude et les olives. Au milieu du XVIIe siècle, Marseille fabrique déjà près de 20 000 tonnes de savon. L'administration française décide de réglementer la fabrication afin d'assurer la qualité du savon et la renommée des savonneries de la ville. À la fin du XVIIIe siècle, les modes de fabrication se perfectionnent grâce à la mécanisation qui permet une production de plus en plus importante. Aujourd'hui, il existe deux types de savons : un vert et un blanc. Le savon vert est fabriqué à partir d'huile d'olive alors que le savon blanc contient de l'huile d'arachide. Il se vend traditionnellement en cube de 600 grammes mais peut se présenter aussi sous forme liquide. Sans toutes les citer, voici quelques qualités du savon de Marseille : c'est un produit écologique, naturel et biodégradable, il ne contient aucun colorant ni adjuvant de synthèse, contrairement aux gels douche et aux savons issus de l'industrie. Il est doux et n'irrite pas la peau, il désinfecte, soigne les plaies, et peut même servir de mousse à raser pour les hommes, et de dentifrice pour soigner les gencives. En résumé, c'est le produit indispensable pour une bonne hygiène quotidienne !
Journaliste femme : Merci Tao, à demain pour une nouvelle chronique conso.

Piste 40

Document 3

Présentateur homme : Depuis 1970, nous avons grandi mais aussi grossi ! Du moins c'est ce que révèlent les résultats obtenus lors de la récente campagne de mensuration des Français. Pour en savoir plus, nous

avons rencontré Safia Lemarchand, responsable de marketing dans une importante entreprise textile. Safia Lemarchand, bonjour. Alors c'est donc vrai ? Nous avons grossi ?
Safia : Eh bien oui, nous avons pris environ 1,8 kg. Mais nous avons grandi aussi : la femme des années 70 mesurait en moyenne 1,60 m, alors qu'aujourd'hui nous faisons 1,65 m pour un poids moyen de 63 kg, et nous sommes passées d'un petit 38 à une taille quarante.
Présentateur : Ce phénomène ne concerne-t-il que les femmes ?
Safia : Non, pas du tout. Les hommes sont passés de 1,70 m à 1,78 m et ils ont eux aussi pris un peu de poids. Plus étonnant, on voit apparaître un groupe de très grands, plus de 1,91 m. Ce phénomène, totalement inédit en 1970, concerne aujourd'hui les jeunes adultes de 15 à 25 ans. Un résultat assez curieux, les plus grands et les plus corpulents se trouvent dans le nord-est de la France, nous ne savons pas expliquer pourquoi.
Présentateur : Quel est l'intérêt pour une société comme la vôtre de connaître ces chiffres ?
Safia : Vous savez, ce n'est pas un hasard si les résultats de cette campagne sont présentés à l'occasion du Salon du prêt-à-porter. En effet, il va falloir que les professionnels, comme nous, ajustent les tailles standards par rapport à cette évolution. Nous allons pouvoir ainsi concevoir des vêtements plus confortables. Ça s'est toujours fait, regardez les vêtements du XIXe siècle, dans l'ensemble ils étaient beaucoup plus petits que ceux d'aujourd'hui. Et pas seulement ça, notre quotidien va changer ! Les voitures, le mobilier, la longueur des lits, la hauteur des tables...
Présentateur : Au-delà de ça, que nous disent les résultats de cette nouvelle campagne ?
Safia : Il est clair que ces chiffres traduisent également l'augmentation du nombre de personnes en excès de poids. Je ne suis pas médecin, mais les résultats parlent ! L'obésité est désormais une réalité avec laquelle il nous faut composer.
Présentateur : Merci beaucoup, Safia Lemarchand, pour toutes ces précisions.
Safia : Merci à vous. Au revoir.
Présentateur : Au revoir.

EXAMEN 6

Piste 41

Document 1

Eli : Alors Lison, elle t'a dit quoi la conseillère d'orientation ?
Lison : On a parlé des métiers qui m'intéressaient, elle a essayé de m'en proposer d'autres, mais... j'ai du mal à me décider.
Eli : Tu lui as dit que tu voulais faire du dessin ?
Lison : Oui, mais elle m'a dit que c'est trop vague et qu'il faudrait que je sache un peu plus ce que je veux faire exactement. Je lui ai parlé des cinq jours de stage que j'ai faits dans une agence de communication, que j'avais bien aimé travailler avec les logiciels de mise en page et de traitement d'images. Mais je lui ai dit aussi que je n'avais pas trop envie de faire des catalogues de supermarché ou des panneaux publicitaires pour des magasins, comme ils font dans l'agence. J'aimerais quelque chose de plus créatif. Elle m'a parlé du métier de graphiste ou infographiste. Parce qu'avec ça on peut faire plusieurs choses : travailler dans la communication ou dans les jeux vidéo, ou d'autres métiers plus techniques dans l'industrie, l'architecture...
Eli : Mais les livres, la BD, tout ça. C'est ce qui te plaît, non ?
Lison : C'est mon rêve ! Mais il n'y a pas beaucoup d'écoles et la sélection pour y entrer est difficile... Beaucoup de gens se présentent mais peu y arrivent. En plus, tu dois présenter un book.
Eli : Un quoi ?
Lison : Un book, comme un artiste. Tu dois montrer ton travail, tes meilleurs dessins. T'imagines le stress ?!
Eli : De toute façon, si tu veux entrer dans une de ces écoles, il faut le faire. Alors si tu veux, tu commences par me les montrer, je peux t'aider à les sélectionner.
Lison : Mmh, ouais... OK, ça pourrait m'aider... mais on n'avait pas un examen d'histoire à réviser aujourd'hui ?
Eli : T'as raison, il faut vraiment qu'on se concentre, car le bac c'est dans deux semaines.
Lison : Allez, on s'y met, on reparlera de mes dessins plus tard.

Piste 42

Document 2

Présentatrice : Le portable, c'est toute leur vie, on en parle avec notre invité Rachel Lenoir, journaliste et auteure de *Jamais sans mon Portable,* aux éditions Difumonde. Alors, votre enquête s'intéresse à ce nouveau phénomène de société puisqu'il s'agit bien de cela : le smartphone s'est imposé dans la vie de nos ados, et cela de plus en plus tôt. Qu'est-ce que représente le téléphone pour eux ?
Rachel Lenoir : Alors, il y a un aspect ludique évident dans la relation entre les ados et leur téléphone. Il existe, notamment à travers des applications comme *Snapchat* ou *Instagram*, qui permettent d'ajouter des filtres, des petits stickers, de modifier et d'embellir son image, de s'amuser. Il y a cet aspect affectueux, affectif, qui est un peu le nouveau journal intime qu'on utilisait avant. Mais

pour définir le smartphone, j'utiliserais le mot « couteau suisse ».
Présentatrice : Il est multifonctions, effectivement. Un peu comme un couteau suisse !
Rachel Lenoir : Voilà, il est multifonctions et il sert beaucoup à communiquer. Et communiquer ne signifie pas forcément téléphoner, car les adolescents ne téléphonent plus.
Présentatrice : Ah oui, parce que téléphoner, c'est pour les vieux ?
Rachel Lenoir : Téléphoner, c'est pour les vieux, exactement ! Ils vont utiliser leur smartphone de façon traditionnel pour appeler leurs grands-parents, mais avec les copains, c'est plutôt avec *Face time*. Il y a toutes sortes de fonctionnalités, d'applications qu'ils utilisent en priorité pour communiquer. On voit par exemple des groupes de travail qui passent par la messagerie de *Facebook,* qui s'appelle *Messenger*, ils y font leurs devoirs, ils échangent leurs copies, ils y font des exercices…
Présentatrice : Ils révisent aussi ensemble…
Rachel Lenoir : Ils révisent, il y a aussi des applications assez intéressantes d'autoédition, comme *Whatpad,* sur laquelle ils écrivent des petites nouvelles qu'ils lisent entre eux…
Présentatrice : Donc ça, ce sont des aspects très positifs de l'utilisation du smartphone ?
Rachel Lenoir : Oui, très positifs.
Présentatrice : Mais il y en a d'autres plus inquiétants.
Rachel Lenoir : Oh oui !
Présentatrice : Merci Rachel Lenoir, nous revenons sur le sujet après une courte pause musicale.

Piste 43

Document 3

Priorité santé, Claire Hédon
Claire Hédon : Bonjour à tous. Se faire peur, se soumettre à des défis, s'exposer à un danger pour se prouver qu'on en est capable mais aussi finalement pour frimer devant les copains, les adolescents sont souvent attirés par le risque au grand dam de leurs parents. Alors quels sont les signes qui permettent de distinguer finalement de simples écarts de conduites des mises en danger délibérés, comment permettre aux adolescents de s'épanouir sans les bloquer, sans être constamment sur leur dos, ce qu'ils reprochent souvent d'ailleurs à leurs parents. On en parle aujourd'hui avec le docteur Xavier Pommereau, qui est chef du Pôle aquitain de l'adolescent au CHU de Bordeaux, il vient de publier Le goût du risque à *l'adolescence,* le comprendre et l'accompagner, c'est un livre qui parait aux éditions Albin Michel.
Et si vous souhaitez participer, vous pouvez nous appeler au 33 1 84 22 75 75.
Claire Hédon : Alors, pour comprendre en quoi consiste votre travail avec les adolescents, mais je pourrais dire aussi avec leurs parents, vous démarrez votre livre avec l'histoire de Guillaume qui veut partir aux États-Unis. Je la trouve assez intéressante, parce que voilà une situation à laquelle les parents peuvent être confrontés. Guillaume, il ne veut pas passer son bac. D'un coup, ça lui prend du jour au lendemain, et il dit je veux partir aux États-Unis. Et là, les parents viennent vous voir affolés.
Xavier Pommereau : Absolument. Il annonce à ses parents deux mois avant le bac qu'il ne va pas le passer, il va partir aux États-Unis, faire la traversée d'Est en Ouest. Et dès qu'on commence à l'interroger, on se rend compte qu'il n'a jamais regardé une carte des États-Unis, il ne sait pas exactement ce que c'est. Il a sans doute entendu parler des États-Unis par des séries, et là, je vais très vite me rendre compte, au bout de deux ou trois consultations, qu'on n'arrivera pas à le convaincre de renoncer sinon il aura le sentiment de se soumettre à l'ordre parental et à l'ordre adulte. Alors, je vais moi jouer le jeu de Guillaume et je vais lui dire…
Claire Hédon : Devant le regard inquiet des parents.
Xavier Pommereau : Oui, voilà. Et d'amener une carte des États-Unis et je leur dis voilà : « Il y va, vous n'arriverez pas à le convaincre de passer son bac, là cette année. Il faut le laisser partir, donnez-lui un petit pécule pour qu'il puisse s'en sortir, quelques jours dans un motel près de l'aéroport d'arrivée et puis laissez-le faire sa traversée. » Et en réalité, en tout et pour tout, ce garçon va faire vingt miles en bus. Il va s'arrêter parce qu'il se rend compte qu'il ne parle pas vraiment bien anglais et il va aller voir, il voit une pizzeria, sur la vitrine de la pizzeria, il y a marqué French fries, il croit que ça veut dire « ici on parle français », ça vous donne le niveau, un petit peu quand même, de l'anglais…
Claire Hédon : Du niveau d'anglais à l'école, tout ce qu'on…
Xavier Pommereau : Et là, il rentre, il a de la chance, parce qu'il y a aussi toujours le facteur chance. Il tombe sur un couple d'Italiens charmants qui vont se rendre compte que ce garçon est perdu. Ils vont appeler ses parents, ils vont convenir avec eux qu'on va arranger une histoire pour un retour honorable, il va faire la plonge pendant dix jours, et il va rentrer. Et l'année suivante, il passe son bac et il l'obtient ! Je trouve que c'était une belle histoire.
Claire Hédon : Et en fait on pourrait penser que c'est un échec, et Guillaume ne l'a pas vécu comme ça.
Xavier Pommereau : Eh non, mais Guillaume l'a vécu, mais il a l'impression d'avoir fait les États-Unis. Les vingt miles qu'il a fait tout seul, dans son bus, en se rendant compte qu'il ne parlait américain, ça lui a appris que, en fin de compte, bah, oui, aller voir ailleurs s'il y était,

ça valait la peine. Et après ça lui a permis, justement de se lancer dans la vie et de passer son bac. Parce que pour le coup les parents étaient d'ailleurs ravis. Je garde un souvenir de l'année d'après, ils sont venus, ils sont revenus me voir pour me remercier, pour me dire : « Écoutez, voilà, on n'y croyait pas, mais on a bien fait de vous écouter parce que finalement ça a marché. »

Les clés du DELF B1

NOUVELLE ÉDITION

Guide pédagogique

Auteurs nouvelle édition
Ana Gainza
Yves Loiseau

Auteurs **Les Clés du nouveau DELF B1**, première édition
Emmanuel Godard, Philippe Liria
Marion Mistichelli, Jean-Paul Sigé

Rédaction des corrigés
Laetitia Riou
Anissa Tarari

Édition
Estelle Foullon

Conception graphique et couverture
Laurianne Lopez, Enric Rújula

Mise en page
Enric Rújula

ISBN : 978-84-16657-69-8
Imprimé dans l'UE

Éditions maison des langues
www.emdl.fr